Marc Leroy

Sociologie
des finances
publiques

D1665892

La Découverte
9 *bis*, rue Abel-Hovelacque
75013 Paris

Si vous désirez être tenu régulièrement informé des parutions de la collection « Repères », il vous suffit de vous abonner gratuitement à notre lettre d'information bimensuelle par courriel, à partir de notre site **http://www.collectionreperes.com**, où vous pouvez retrouver l'ensemble de notre catalogue. Ou, à défaut, d'envoyer vos nom et adresse aux Éditions La Découverte (9 bis, rue Abel-Hovelacque, 75013 Paris), pour demander à recevoir gratuitement par la poste notre bulletin trimestriel *À La Découverte*.

ISBN 978-2-7071-4552-9

I / Sociologie de l'État dépensier

Vaste question que de savoir pourquoi l'État dépense. Alors qu'aucune théorie générale ne peut prétendre s'imposer, un consensus existe pour qualifier l'État dépensier par les trois temps de la formation, du libéralisme et de l'interventionnisme. Jusqu'à la crise des années 1970, l'évolution se caractérise par l'accroissement général des dépenses publiques et par la diversification des fonctions budgétaires liées à la question sociale. La sociologie financière de l'État démocratique par Tocqueville introduit l'étude des facteurs explicatifs des dépenses et de l'État-providence.

Tocqueville et les dépenses de la démocratie

Dans *De la démocratie en Amérique*, Tocqueville [1986] examine méthodiquement « quelle influence exerce la démocratie sur les finances de l'État » : selon lui, malgré les objections, les dépenses publiques « tendent à croître quand le peuple gouverne » [p. 207] car « le gouvernement de la démocratie est le seul où celui qui vote l'impôt puisse échapper à l'obligation de le payer » [p. 208].

La méthode de Tocqueville

À la manière de l'analyse financière moderne, Tocqueville relève : « Il faut d'abord apprendre quelle est la richesse de ce peuple, et ensuite quelle portion de cette richesse il consacre aux dépenses de l'État » [p. 213]. Le problème est que ces données (mesurées aujourd'hui par rapport au PIB) n'existent pas à cette époque ; on ne connaît pas non plus « ce que paie annuelle-ment chaque citoyen de l'Union pour subvenir aux charges de la société » [p. 215]. Tocqueville retient alors des « signes » [p. 216] : la richesse apparente, le revenu disponible, la satisfac-tion des citoyens, la présence de capitaux pour l'industrie et de débouchés industriels pour les capitaux. Il déduit de ces indica-teurs : « L'Américain des États-Unis donne à l'État une moins forte part de son revenu que le Français » [p. 216]. Mais, comme la France a, contrairement aux États-Unis, des dépenses publiques liées aux guerres (dette, armée), « il n'y a donc point de parallèle à établir entre les finances de pays si diversement placés » [p. 216]. Cette idée du poids des dépenses de guerre connaîtra un bel avenir.

En bonne démarche scientifique, Tocqueville isole les dépenses constitutives de l'État démocratique, en excluant les dépenses militaires et les dépenses relevant des mœurs (goût pour les fêtes, art...). Il distingue les postes de dépense (traite-ments, écoles, entretien...) pour connaître les effets, ponctuelle-ment contraires, des tendances générales des budgets démocratiques. Anticipant les notions d'idéal-type de Weber et de modèle scientifique, Tocqueville divise « idéalement » [p. 207] la société en trois classes : les riches, les aisés et les pauvres. Il met à part le facteur sociologique des valeurs culturelles, dont l'effet est varié, mais pas spécifiquement politique : par exemple, les Américains, « peuple commerçant » [p. 212], repoussent les ornements architecturaux au profit d'avantages matériels. Il retient plusieurs facteurs que l'on peut regrouper en quatre causes selon leur nature politique, sociologique, écono-mique, cognitive.

Les variables de la dépense démocratique

Fidèle au credo libéral, la théorie de Tocqueville marque d'abord la supériorité de l'État démocratique sur le despotisme qui « ruine les hommes en les empêchant de produire », alors que « la liberté, au contraire, enfante mille fois plus de biens » [p. 207]. Les dépenses publiques dans les États libres « sont plus considérables », mais les « ressources du peuple croissent toujours plus vite que les impôts » [p. 207].

D'ordre politique, un premier facteur, institutionnel, a trait à la logique fiscale de la classe au pouvoir. Si la classe riche gouverne, elle économise peu les deniers publics car « un impôt qui vient à frapper une fortune considérable n'enlève que du superflu ». La classe moyenne au pouvoir est la plus économique « parce qu'il n'y a rien de si désastreux qu'une grosse taxe venant à frapper une petite fortune » [p. 207]. Quand la classe pauvre gouverne (voir le tableau ci-dessous : 1a), l'impôt ne l'atteint pas et les dépenses publiques, financées par la taxation des plus riches, « seront toujours considérables » [p. 208]. Or le suffrage universel « donne réellement le gouvernement de la société aux pauvres » [p. 208], c'est-à-dire au plus grand nombre qui ne peut vivre sans travailler. Le gouvernement de la majorité démocratique ne peut ignorer les demandes de ses pauvres qui sont nombreux, idée encore soutenue aujourd'hui [Brown et Hunter, 1999, p. 780]. Tocqueville ajoute que, fiscalement, le suffrage universel a des effets variés selon la répartition de la propriété (3a) qui sert d'assiette à l'impôt. Si elle est concentrée, comme en Angleterre, l'impôt et donc les dépenses sont favorisés structurellement. Si elle est dispersée, comme en France ou en Amérique « où la grande majorité des citoyens possède », l'effet de cette variable économique constituée par la répartition de la matière imposable est inverse « parce qu'alors, d'une part, le peuple a moins besoin de l'argent des riches, et que, de l'autre, il rencontre plus de difficultés à ne pas se frapper lui-même en établissant l'impôt » [p. 209].

Un autre facteur est relatif à l'amélioration par les dépenses publiques du « bien-être » (1b), notion bien connue des économistes. L'« esprit d'amélioration » vise à « rendre meilleure la

Les facteurs des dépenses de l'État démocratique chez Tocqueville

Cause	Objet	Variable	Effet financier en démocratie	Exemple
1) Politique				
1a. Institutionnel	Décision	Classe au pouvoir	Hausse impôts et dép.	Fiscalité
1b. Idéologique	Progrès	Électoralisme, conception	Effet > 0 par les dépenses de bien-être	Assistance, instruction, services
1c. Administratif	Gestion	Défauts	Effet < 0 : gaspillage argent public	Travaux, contrôle
2) Sociologique				
2a. Social	Éducation	Besoins créés	Dépenses collectives	Routes
2b. Culturel	Mœurs	Valeurs société	Varié : refus de certaines dépenses (art, fêtes...) mais accord pour d'autres (gains matériels)	Esprit lucratif *versus* esprit pratique
3) Économique				
3a. Structurel	Patrimoine	Matière imposable, coût du travail	Varié : la concentration accroît les impôts, et *vice versa*	La propriété
3b. Conjoncturel	Marché		Varié sur les dépenses de personnel de l'État	Salaires
4) Cognitif				
4a. Court terme	Préférence	Gain immédiat	Dépenses par l'impôt sur les autres classes	Fiscalité
4b. Concret	Préférence	Situation du citoyen	Opposé : faibles pour les chefs et fortes pour les autres	Salaires

condition du pauvre ». Le gouvernement démocratique œuvre à la prospérité matérielle d'abord par une sorte d'électoralisme : « Dans les démocraties où le souverain est nécessiteux, on ne peut guère acquérir sa bienveillance qu'en accroissant son bien-être ; ce qui ne peut presque jamais se faire qu'avec de l'argent » [p. 209]. Il cherche aussi, légitimement selon Tocqueville, à améliorer le sort des démunis, ce qui entraîne des dépenses publiques : « Fidèle à son origine populaire, il fait de prodigieux efforts pour satisfaire les besoins des classes inférieures de la société, leur ouvrir les chemins du pouvoir, et répandre dans leur sein le bien-être et les lumières. Il entretient les pauvres, distribue chaque année des millions aux écoles, paye tous les services et rétribue avec générosité ses moindres agents. Si une pareille manière de gouverner me semble utile et raisonnable, je suis obligé de reconnaître qu'elle est dispendieuse » [p. 216], d'autant qu'elle s'accompagne d'une « sorte de fièvre permanente qui se tourne en innovation » [p. 209], génératrice aussi des dépenses publiques.

Un facteur vient des effets de l'éducation (2a), de la civilisation : « Quand le peuple commence à réfléchir sur sa position, il lui naît une foule de besoins qu'il n'avait pas ressentis d'abord, et qu'on ne peut satisfaire qu'en recourant aux ressources de l'État. De là vient qu'en général les charges publiques semblent s'accroître avec la civilisation, et qu'on voit les impôts s'élever à mesure que les lumières s'étendent » [p. 209].

Le gaspillage des deniers publics (1c) par la démocratie est évoqué : « Comme elle change fréquemment de vues et plus fréquemment encore d'agents, il arrive que ses entreprises soient mal conduites, ou restent inachevées » [p. 210]. Le gouvernement démocratique « manque souvent de persévérance dans ses desseins », « il n'exerce point une surveillance continue sur les hommes qu'il emploie ». Il doit donc « souvent dépenser inutilement l'argent des contribuables » [p. 216].

La réfutation des objections

Par rapport à la logique fiscale de la classe populaire, Tocqueville écrit : « En vain objectera-t-on que l'intérêt bien entendu du

Les approches économiques des dépenses publiques

Selon la loi de Baumol, les secteurs à faible productivité (éducation, santé…) nécessitent une intervention de l'État pour répondre à la demande, d'où la croissance de ces dépenses publiques moins rentables pour l'activité privée (pour le cas français, cf. Le Duff et Orange [2004]). Selon la théorie marxiste, l'État dépense de plus en plus pour compenser la baisse de la rentabilité du capital (pour le cas français, cf. Fontvieille [1976]), ce qui est discutable : les dépenses sociales allègent certes le coût de la force de travail pour les capitalistes, mais elles dépendent aussi des mouvements sociaux ; les dépenses d'administration assurent le fonctionnement de la société capitaliste ; les dépenses de guerre ne sont pas économiques, même si la guerre sert les intérêts du capital.

Peacock et Wiseman [1967] retiennent le rôle des crises, notamment celui des deux guerres mondiales. En période calme, l'intervention publique est limitée par la réticence à l'impôt, alors que la guerre augmente la tolérance à la pression fiscale. Les ressources pour la guerre vont ensuite à la satisfaction des besoins sociaux (irréversibilité ou effet de cliquet des dépenses publiques), tels ceux décrits par Wagner (pour le cas français, cf. Wolfesberger [1978]). Le recul récent des dépenses publiques dans certains pays contredit l'effet de cliquet. Sociologiquement, la conception du contribuable naturellement rétif à l'impôt est fausse. De plus, la relation entre la guerre et le développement de l'État fiscal n'est pas universelle : c'est le cas de l'Amérique latine du XIXe siècle qui n'a pas financé ses dépenses de guerre par l'impôt [Centeno, 1997, p. 1589]. L'acceptation de l'impôt [Leroy, 2003] dépend de la légitimité politique des interventions de l'État et du raisonnement socialement structuré sur son rôle (rationalité cognitive) : la crise a le statut, non d'un déterminant strict, mais d'un argument justifiant l'impôt et l'intervention de l'État.

La loi de Wagner (1835-1917) attribue à l'industrialisation et à

peuple est de ménager la fortune des riches, parce qu'il ne tarderait pas à se ressentir de la gêne qu'il ferait naître. Mais l'intérêt des rois n'est-il pas aussi de rendre leurs sujets heureux, et celui des nobles de savoir ouvrir à propos leurs rangs ? Si l'intérêt éloigné pouvait prévaloir sur les passions et les besoins du moment, il n'y aurait jamais eu de souverains tyranniques ni d'aristocratie exclusive » [p. 208]. Ici, un facteur cognitif, la préférence pour le court terme (4a), est invoqué à juste titre (c'est un résultat des travaux de la psychologie cognitive), alors que l'idée, discutable [Leroy, 2003, p. 230], que la taxation des riches est contraire à l'intérêt à long terme du peuple sera reprise, sous l'urbanisation qui en découle l'augmentation continue des dépenses publiques. L'État intervient de plus en plus par des dépenses d'administration générale, de police, d'éducation, d'action sociale et d'infrastructure. Pour l'économiste autrichien, cette loi historique est plutôt positive car elle résulte aussi de la pression pour le progrès social [Wagner, 1967, p. 8]. La croissance économique entraîne les dépenses par les recettes qu'elle engendre, favorisant la demande de biens publics. Empiriquement, l'étude de neuf pays (1953-1992) industrialisés [Koren et Stiassny, 1998] indique : pour l'Allemagne, le Royaume-Uni, les Pays-Bas et les États-Unis, la priorité donnée aux recettes est vérifiée, en conformité avec la théorie de Wagner ; mais la priorité des dépenses sur les recettes est vérifiée pour l'Autriche, la France et l'Italie, sachant que pour la Suède et la Suisse aucune tendance ne se dégage. Une autre étude [Midtbo, 1999] portant sur un siècle montre que dans les trois pays scandinaves retenus (petits, ouverts et corporatistes), la relation entre recettes et dépenses va dans le sens de la loi de Wagner : l'amélioration de la croissance économique s'accompagne d'une hausse des dépenses publiques, alors que dans trois pays anglo-saxons la relation est plutôt de type keynésien, à savoir que les dépenses publiques sont utilisées pour stimuler la croissance. Une autre étude [Falch et Rattso, 1997] sur les dépenses d'éducation en Norvège de 1880 à 1990 vérifie l'importance de ce facteur relevé par Wagner au regard de la hausse des salaires et du nombre d'enseignants. Pour la France, la relation déterministe entre industrialisation et hausse des dépenses reste sujette à caution [Delorme et André, 1983, p. 105]. Sociologiquement, cette approche est peu adaptée à la société postindustrielle, mais marque bien la tendance historique à la hausse des dépenses, tout en s'intéressant (à l'instar du Durkheim de *La Division du travail social*) à la différenciation socio-économique et à l'apparition de nouveaux besoins sociaux.

une autre forme, dans la courbe de Laffer (popularisée par l'idée que « trop d'impôt tue l'impôt »).

De même, Tocqueville écarte l'objection selon laquelle le système représentatif freinerait les « passions populaires » [p. 208], car « à la longue, le mandataire finira toujours par se conformer à l'esprit de ses commettants » [p. 209].

Il montre que la démocratie limite le traitement de ses hauts fonctionnaires et du chef du gouvernement, ce qui fait qu'on la juge parfois économique : ici, Tocqueville se prononce sur un débat français de 1831 sur la gestion publique aux États-Unis et conclut que (sous l'effet des autres facteurs), « le gouvernement démocratique des Américains n'est pas comme on le prétend parfois, un gouvernement à bon marché » [p. 216]. Il s'avère que le grand nombre a peu de chances de profiter des traitements publics et qu'il se réfère à ses besoins et ses moyens pour fixer le salaire de la hiérarchie. Ce facteur est aussi de type cognitif, car il renvoie à l'idée que l'individu agit en fonction de sa situation concrète (4b). En démocratie, les hauts fonctionnaires seront moins payés et les autres fonctionnaires bien payés car le peuple « vit lui-même dans une grande aisance » [p. 210]. Dans une note, Tocqueville cite enfin une autre raison, liée au contexte économique du marché du travail américain (3b) : « L'État ne trouverait pas de fonctionnaires secondaires s'il ne consentait pas à les bien payer. Il est donc dans la position d'une entreprise commerciale » [p. 210].

La sociologie financière de Tocqueville est peu étudiée, alors qu'elle est féconde, notamment par la mise en évidence d'une tendance générale à la hausse des dépenses publiques, connue après lui par la loi de Wagner (né en 1835, année de parution de la première *Démocratie en Amérique*).

Les facteurs externes des dépenses publiques

Les groupes d'intérêt

Cette influence dépend de l'approche de la décision publique. Selon Eisenstein [1961], la taxation reflète les idéologies des groupes d'intérêt. Dans la conception marxiste ou dans la conception élitiste, un groupe dominant voit ses intérêts surre-présentés. Dans la conception pluraliste [Dahl, 1961], les groupes de pression s'équilibrent sur le marché politique. Dans la théorie néocorporatiste [Schmitter, 1974], l'État privilégie la relation avec certains groupes (les syndicats). Pour l'école des choix publics (*public choice*), les groupes de pression cherchent à faire financer par tous les contribuables/électeurs inorganisés les services qui profitent aux premiers ; ces groupes sont parfois en même temps usagers et membres de ces services [Stigler, 1972], ce qui a été empiriquement observé pour l'éducation et la santé en Grande-Bretagne [McNutt, 2002, p. 114]. L'enquête danoise de Winter et Mouritzen [2001, p. 132] montre aussi que les usagers et les membres des services publics sont plus demandeurs de dépenses et s'opposent plus aux coupes de ces dépenses.

L'influence des groupes de pression dépend de leur accès, variable selon les pays, les époques, les secteurs, aux institutions de décision. Le corporatisme français d'après guerre, plutôt sectoriel, a composé avec l'influence d'une élite dirigeante modernisatrice composée de hauts fonctionnaires [Jobert et Muller, 1987]. Aux États-Unis, les groupes d'intérêt (lobbying) ont une reconnaissance officielle selon un « triangle de fer » associant un service administratif, un groupe d'intérêt et la commission du Congrès compétente. Dans les États scandinaves ou dans l'État allemand, les syndicats sont influents au niveau central de l'État, surtout quand la gauche est forte. L'étude japonaise de la révolte contre la taxe foncière des années 1990 [Jinno et Dewitt, 1998] montre que la mobilisation des spéculateurs doit son succès à la rivalité institutionnelle entre le ministère de l'Économie et celui des Finances. L'arrangement institutionnel propre à chaque pays joue, même si les lieux d'expression des intérêts sont variés dans la société contemporaine.

Une étude [Lowry et Potosky, 2004] des subventions discrétionnaires de l'État fédéral américain aux États fédérés mesure l'influence des groupes d'intérêts organisés (organisations non lucratives, privées, gouvernements municipaux et districts), par rapport à l'offre politique (pourcentage de représentants au Congrès, pourcentage dans les commissions législatives, poids dans la majorité fédérale) et par rapport à la demande latente (poids de la population urbaine, niveau et stabilité des revenus, taux d'emploi). Dans les domaines étudiés de 1991 à 1998, les effets des groupes organisés sont vérifiés et constituent le premier facteur d'explication statistique des subventions, sauf pour l'agriculture. La demande latente a une influence significative, mais moins élevée que l'effet des groupes organisés (sauf pour l'agriculture). L'offre politique a très peu d'effets, sauf pour les subventions à l'environnement.

L'influence de la taille des groupes

Olson [1978, p. 52] soutient que le nombre gêne l'efficacité des groupes : les petits groupes se mobilisent facilement pour obtenir des dépenses publiques en leur faveur, alors que dans les grands groupes les résultats d'une action profitent à tout le monde, y compris ceux (les « passagers clandestins ») qui ne se mobilisent pas. L'analyse d'Olson pose surtout le problème des incitations à l'action collective (par la coercition, les avantages réservés). Il faut donc distinguer les conditions de la mobilisation, difficiles pour les groupes latents d'intérêt, et les facteurs du succès, parmi lesquels le nombre peut être important. Empiriquement, une étude apporte une vérification statistique de l'influence du nombre de parents sur la dépense d'éducation (en 1960, 1970, 1980, 1990) dans quarante-huit États américains : plus le nombre de parents est élevé dans l'électorat, plus la dépense de l'État par habitant dans ce domaine est élevée [Miller, 1996, p. 179] ; la même étude [p. 181] confirme ce résultat dans le cas de la dépense d'éducation (en 1970, 1980) étudiée dans 253 comtés du Texas.

Pampel [1994] étudie, dans dix-huit pays développés de 1959 à 1986, les dépenses en faveur des personnes âgées et met en évidence l'influence du contexte sociopolitique. Aux États-Unis, ces dépenses sont plus fortes que pour les jeunes, ce qui s'explique par le contexte pluraliste (compétition des groupes, faiblesse des partis de gauche) qui permet aux groupes nombreux (ici les plus âgés) d'influencer les dépenses ; pour les pays nordiques, qui sont corporatistes (appui des partis au gouvernement, poids des syndicats au niveau central, force de la classe ouvrière), la taille du groupe âgé ne joue pas : l'État-providence généreux l'est autant avec les jeunes qu'avec les plus âgés, si la gauche est au pouvoir et si l'idéologie est universaliste. Pour les autres pays de l'Europe où le corporatisme est plus faible, la variable démographique (mesurée par la taille du groupe âgé) influence les dépenses positivement, y compris quand la gauche est au pouvoir.

Le clivage gauche-droite

Pour la politique fiscale, le clivage gauche-droite peut jouer, mais n'apparaît pas en général déterminant [Leroy, 1996, 2006], sauf à certaines périodes plus « idéologiques ». Pour les dépenses, le clivage est plus souvent confirmé empiriquement, en particulier pour les dépenses de protection sociale, où l'approche par les « atouts du pouvoir » (*cf. infra*) considère la couleur politique comme un indicateur valide du type d'État-providence.

Au Royaume-Uni, la période 1970-1990 apparaît budgétairement marquée par le clivage gauche/droite. Sans insister sur l'idéologie de la limitation des dépenses du gouvernement Thatcher, on relève les résultats de Lewis [1983, p. 166], validés par des enquêtes par questionnaire [Edgell et Duke, 1982 ; Lewis et Jackson, 1985], par une étude [Page, Goldsmith et Kousgaard, 1990] des budgets de 792 municipalités de 1974-1988 (avec la gauche : hausse du taux de taxation, du niveau global des dépenses et priorité à l'éducation) et par une étude [Ibrahim, 1994] de l'influence de l'idéologie politique entre 1982 et 1989 dans quinze conseils municipaux (l'idéologie politique influence le niveau de dépenses publiques par habitant). Aux États-Unis, selon une enquête d'opinion menée lors de la présidentielle de 1992 [Jacoby, 2000, p. 762], les démocrates et les libéraux sont plutôt favorables à la dépense publique et les républicains opposés. Une étude du Congrès [Gill et Thurber, 1999] montre que la variable partisane joue plus ou moins fortement sur les dépenses selon les circonstances : par exemple, lors de la lutte du Congrès (1995-1996) avec le président démocrate Clinton, la discipline républicaine a été forte (influence partisane), mais elle l'est beaucoup moins en période calme (les votes sont dispersés).

Néanmoins, selon une autre étude portant sur quatorze pays de l'OCDE de 1961 à 1991 [Cusack, 1999], la gauche, pourtant plus sensible au chômage, conduit des politiques budgétaires plus rigoureuses (déficit maîtrisé) que la droite, qui se préoccupe des coupes fiscales, mais est moins efficace pour diminuer les dépenses publiques. Ce résultat est confirmé pour la France de 2005, avec le programme d'allègement de la fiscalité sur le revenu et l'augmentation des dépenses publiques et le déficit de la Sécurité sociale. L'effet du clivage partisan joue ici dans un sens inattendu. Cet effet tendrait à diminuer avec la globalisation économique selon l'étude de Cusack [1999].

En France, selon l'étude de Siné [2003] portant sur le budget général de l'État de 1975 à 1999, la variable partisane a peu d'impact sur les variations annuelles des dépenses exécutées (en francs constants). En revanche, elle joue beaucoup plus si l'on considère les dépenses prévues dans les lois de finances initiales (en francs courants). Elle joue aussi pour quelques budgets emblématiques, prioritaires pour le gouvernement (éducation nationale, défense). Pour les budgets locaux, une étude des communes de plus de 50 000 habitants de 1977 à 2001 [Foucault et François, 2005] conclut que les dépenses diminuent l'année suivant l'élection dans les villes de droite comme de gauche, ce qui contredit l'idée d'un cycle partisan des dépenses.

L'étude sur cent ans de Midtbo [1999] portant sur six pays scandinaves et anglo-saxons montre enfin que, quand la gauche gouverne, le secteur public reste important, mais que la croissance du secteur public s'explique peu (statistiquement) par ce facteur politique.

La critique de l'école des choix publics

L'école des choix publics émet une critique radicale de l'État interventionniste, alors que la théorie libérale néoclassique admet l'intervention limitée de l'État pour la production de biens collectifs afin de pallier les défaillances du marché. Dans le modèle libéral, la demande de biens collectifs s'accroît dans une économie du bien-être car le marché est en échec dans certaines situations, alors que l'accroissement du bien-être général fait naître de nouveaux besoins collectifs pris en charge par l'État (éducation, santé par exemple).

L'école du choix public part des travaux fondateurs sur la démocratie [Buchanan et Tullock, 1962 ; Downs, 1957] pour étudier la décision publique impliquant politiciens, bureaucrates et électeurs maximisant rationnellement leur intérêt utilitariste. Les politiciens cherchent à être réélus, ce qui crée par exemple un cycle politique des dépenses (élevées à la veille des élections). Dans un gouvernement démocratique, les dépenses à financer par l'impôt sont celles voulues par l'électeur-médian (au centre de l'échiquier politique) qui peut faire basculer une majorité, surtout dans un régime à deux grands partis comme aux États-Unis [Tullock, 1978, p. 27]. Le bureaucrate tend à maximiser son budget [Brennan et Buchanan, 1977, p. 273]. Une dérive bureaucratique se produit [Niskanen, 1971] car la performance économique n'est ni encouragée ni sanctionnée. En démocratie, le citoyen a, selon ce courant, une aversion pour l'impôt, car il voit sortir l'argent de sa poche, alors que les services publics reçus sont moins visibles [Downs, 1960].

Cette approche du marché politique est riche de résultats et a le mérite de l'interdisciplinarité [Bosch et Suarez-Pandiello, 1995]. Sa version rationnelle étroite de la décision réduit celle-ci à un calcul utilitariste proche de l'égoïsme et conduit à une critique plutôt normative de l'État-providence qui satisfait des intérêts privés. Sur le plan empirique, la théorie de l'électeur-médian est en général contredite par les enquêtes [Miller, 1996 ; Kemp, 2002, p. 43-47], même si elle paraît mieux vérifiée pour les budgets locaux [Miranda, 1993 ; Bondonio et Marchese, 1994], et l'aversion à l'impôt n'est pas toujours corroborée [Hadenius, 1985 ; Leroy, 2003].

La théorie culturelle des budgets de Wildavsky

A. Wildavsky propose une théorie sociologique des dépenses publiques fondée sur les cultures politiques [Wildavsky, 1985 ; Webber et Wildavsky, 1986, p. 560-615]. Il distingue quatre types culturels susceptibles d'influencer le régime budgétaire. La culture désigne des valeurs partagées légitimant les pratiques sociales, c'est une rationalité axiologique qui considère les intentions en termes de valeurs, et pas nécessairement leur concrétisation. Aucune culture ne domine complètement les autres dans les sociétés modernes, comme on le constate empiriquement en étudiant les valeurs des groupes sociaux. Ainsi, la taille de l'État aujourd'hui est une fonction de la culture politique d'hier [Webber et Wildavsky, 1986, p. 588], sachant que le développement de la culture égalitaire explique la hausse des dépenses publiques.

L'idéal social de la culture de marché est l'autorégulation qui réduit le besoin d'autorité, tout en admettant la compétition sociale issue de la division du travail : cette culture limite les recettes et les dépenses et refuse l'égalisation des différences par la redistribution budgétaire, avec un déficit limité. La culture de la hiérarchie institutionnalisée légitime un ordre collectif inégalitaire dans une société de statuts différenciés : elle encourage les recettes et les dépenses, avec une redistribution faible vers les plus pauvres, et un faible déficit. La culture égalitaire (*secta-rians* selon Wildavsky) conçoit la vie comme une association volontaire et œuvre à diminuer les inégalités (race, parents/enfants, enseignants/étudiants, autorités/citoyens, hommes/femmes...) : elle prône des transferts de revenus des riches vers les pauvres, encourage les programmes sociaux, mais freine la collecte des impôts par défiance envers l'autorité, ce qui crée une tendance au déficit. Wildavsky ajoute un quatrième régime budgétaire, le régime fataliste qui n'arrête aucune stratégie budgétaire, notamment sous l'effet des contraintes trop fortes. Quand les choses vont mal, les tenants du marché blâment l'improductivité des individus ou les entraves du gouvernement aux affaires, les égalitaires blâment le système (l'autorité responsable des inégalités), les hiérarchiques blâment les déviants.

Le financement de l'État-providence

Les dépenses d'intervention sociale se justifient par la critique démocratique du XIXe siècle des excès de la société industrielle. Approfondissement de la démocratie [Rosanvallon, 1981], les droits sociaux complètent les droits politiques par la citoyenneté sociale [Marshall, 1950]. L'État-providence est relié aussi au développement économique qui déplace la demande vers des services comme la santé et l'éducation. La force du mouvement ouvrier conduit à l'essor de la protection sociale. Mais la crise financière de l'État-providence introduit de nouveaux enjeux relatifs à la mondialisation, à la situation des pays pauvres et à la politique sociale de l'Europe.

Les causes du développement de la protection sociale

Les données empiriques ne cadrent pas toujours avec les modèles proposés. Plusieurs typologies existent [Korpi et Palme, 1998]. La démocratisation des sociétés industrielles ne rend pas compte de la politique sociale de Bismarck (régime autoritaire) ou du retard actuel des droits sociaux sur les droits civiques aux États-Unis. La théorie social-démocrate de la mobilisation de la

La typologie d'Esping-Andersen

Le sociologue Esping-Andersen [1999] distingue :
— le modèle social-démocrate de l'État-providence universaliste (modèle de Beveridge), où toutes les personnes bénéficient d'un niveau élevé de protection sociale financé par l'impôt (pays scandinaves), correspond à un mouvement ouvrier fort et organisé ;
— le modèle conservateur de l'État-providence assurantiel (modèle de Bismarck), où les salariés bénéficient de la protection sociale financée par les cotisations sur les salaires (Allemagne, Belgique, Italie, Japon), est marqué par l'influence de l'Église et la résistance au mouvement ouvrier ;
— le modèle libéral de l'État-providence financé par l'impôt, mais dont les interventions sont ciblées sur les plus démunis (modèle américain), la majorité des personnes utilisant des assurances privées. Le rapport de force est ici plus défavorable au mouvement ouvrier.

classe ouvrière (*power resources approach* [Korpi, 1995]) n'est pas vérifiée statistiquement dans le cas de l'Espagne si l'indicateur du pouvoir de la classe ouvrière est seulement le parti au pouvoir ; elle s'applique mieux si on ajoute les indicateurs de l'agitation sociale, des affiliations dans les partis et des syndicats [Claramunt et Arroyo, 2000, p. 275]. La culture humanitaire américaine [Feldman et Stennbergen, 2001 ; Steensland, 2006] est un facteur d'explication de l'État-providence libéral car la responsabilité des individus est mise en avant, tout en reconnaissant le devoir d'aider, dans certains cas, les plus démunis par la charité ou l'État.

Les divers compromis autour des droits sociaux invitent à désagréger la notion de démocratie par les variables plus fines du type de régime, du pouvoir de la technocratie, des coalitions au pouvoir, des relations de l'État avec le monde des affaires et du travail... Pourtant, selon une étude de dix-sept pays d'Amérique latine de 1980 à 1992 [Brown et Hunter, 1999], l'influence du type de régime, démocratique *versus* autoritaire, reste déterminante, à condition de prendre en compte les contraintes : les dépenses sociales en régime autoritaire sont plus sensibles aux contraintes économiques, et, en régime démocratique, aux contraintes politiques des groupes de pression bénéficiaires.

L'attachement des citoyens à la protection sociale

Les enquêtes montrent que les gens accordent une valeur importante aux services sociaux, même si des différences existent d'un pays à l'autre, d'une période à l'autre ou d'une politique à l'autre. Les enquêtes sur les valeurs des Européens confirment, malgré les différences nationales, l'attachement des citoyens à l'État-providence. Dans le cas anglais, une étude (fondée sur huit cents entretiens) montre que, tout en souhaitant une plus grande responsabilisation individuelle face au risque, les gens sont favorables à l'intervention de l'État pour les plus démunis et qu'ils sont prêts à payer des impôts plus élevés pour financer ces dépenses [Taylor-Gooby et al., 1999, p. 192].

Dans le cas français, l'opinion favorable à la Sécurité sociale traduit des préoccupations existentielles et aussi l'attachement au sort des plus démunis [Gaxie, 1990, p. 141-192]. Dans le cas suédois, une étude des enquêtes d'opinion de 1981 à 1992 [Svallfors, 1995] montre que le support pour le modèle universel généreux financé par l'impôt reste stable (de 66 % à 75 % selon les politiques sociales), même si des critiques de la bureaucratie et des abus individuels apparaissent. Une autre étude [Steinmo, 2002, p. 853] indique que seule une minorité de Suédois est favorable à la diminution de l'impôt si celle-ci doit se traduire par une réduction des dépenses publiques. Les dépenses publiques de santé sont plébiscitées, avec l'éducation, comme le montre Kemp [2002, p. 100] pour la Nouvelle-Zélande.

Quand les recettes manquent, les premiers coupent dans les dépenses sociales, contrairement aux seconds qui maintiennent un haut niveau de protection sociale ; quand les revenus de la croissance sont hauts, ils augmentent les dépenses sociales plus vite.

Malgré ces résultats contradictoires, la périodisation en trois phases apparaît vérifiée. L'émergence de l'État-providence pour les pays industrialisés se situe de la fin du XIXe siècle à la Seconde Guerre mondiale. L'âge d'or correspond à la croissance d'après guerre et à la généralisation des politiques keynésiennes légitimant, outre l'action économique, l'action sociale [Webber et Wildavsky, 1986, p. 562] par les dépenses. Enfin, la crise des années 1970 remet en cause l'État-providence, mais les citoyens restent attachés à son maintien.

La crise financière

La crise économique des années 1970 est aussi celle du financement de l'État-providence [Rosanvallon, 1981]. Un effet de ciseaux joue entre des ressources plus rares (baisse des cotisations en période de chômage structurel, difficulté d'augmenter les impôts) et des dépenses sociales en progression (chômage, vieillissement de la population, nouveaux risques, coût des soins, consommation de médicaments).

En France, si le déficit de la Sécurité sociale reste un problème majeur, la gestion de la dette sociale a toujours fait l'objet depuis 1946 de mesures de rééquilibrage des dépenses et des recettes [Prétot, 2004, p. 133] : économies (ticket modérateur), subventions de l'État, fiscalisation (contribution sociale généralisée), réforme juridique (retraite)… Il existe donc plusieurs manières de répondre à une crise du financement des interventions, en utilisant divers expédients [Hays, 1996] et innovations, notamment la fiscalité, l'emprunt, les coupes budgétaires, la privatisation. L'innovation dans la gestion publique apparaît aussi dans le cas de la crise des finances locales de dix pays étudiés de 1975 à 1985 [Clarke, 1989 ; Nevers, 1994, p. 135]. La relation, non mécanique, entre la taxation et les dépenses de l'État relève d'un choix politique. En généralisant, la théorie cognitive de l'impôt [Leroy, 1996, 2002, p. 16] montre que la crise justifie rationnellement des changements dans la politique fiscale ou budgétaire. Il faut aussi tenir compte de la dimension éthique de la protection sociale.

L'impact de la mondialisation

Selon une argumentation à rapprocher de l'analyse marxiste de la crise [O'Connor, 1973], la globalisation économique mine l'État-providence : elle favorise la fuite des capitaux, le dumping fiscal, les délocalisations, affaiblit le pouvoir des partis politiques et des syndicats et réduit la marge de manœuvre des États qui tendent à privatiser le risque. Cette théorie est celle de l'efficience du marché (financier) qui sanctionne les dépenses sociales (non compétitives) ; elle s'oppose à la théorie de la

L'éthique de la protection sociale

L'évaluation éthique de l'État-providence voit diverses positions s'affronter, avec une incidence des techniques de recueil des données (par exemple si l'on inclut les « non pauvres » [Wodon et Yitzhali, 2002]). La théorie social-démocrate évalue les politiques sociales en fonction du degré de libération des travailleurs contraints ou non de vendre leur force de travail (*decommodification*), les droits sociaux permettant au citoyen de ne pas être réduits à une marchandise [Esping-Andersen, 1999]. Les marxistes critiquent parfois la fonction de préservation par l'État social de l'hégémonie de la classe capitaliste. Les théories néolibérales alimentent le débat sur l'excès des charges sociales pour critiquer les fondements keynésiens de l'État [Palier et Bonoli, 1995, p. 678]. Pour l'école du choix public [Stigler, 1972], l'État-providence bénéficie surtout aux classes moyennes et élevées à la fois pour les services et pour les emplois créés. L'analyse typologique conduit à évaluer les formes d'État-providence, mais la synthèse reste difficile à opérer entre la responsabilisation individuelle et les droits sociaux [White, 2000].

compensation par l'État pour les perdants de la globalisation [Garret, 1998] qui insiste alors sur la résistance de l'État-providence [Pierson, 1994] : l'autonomie institutionnelle de l'État le conduit à limiter les effets négatifs (insécurité, inégalités...) de la globalisation pour satisfaire les forces du travail, des intérêts acquis, le veto des pouvoirs constitués ou la dépendance aux réglementations passées [Scharpf, 2000].

La vérification empirique des effets de la globalisation économique donne des résultats contrastés. En France, on constate que les dépenses sociales continuent de croître, en dépit des plans d'économie de la Sécurité sociale, mais que les réformes transforment le système de protection sociale dans un sens libéral [Palier, 2002].

Sur le plan fiscal, la théorie de la compensation semble vérifiée. Selon une étude de quarante pays développés entre 1981 et 1995 [Swank et Steinmo, 2002], la globalisation, mesurée par la libération des mouvements de capitaux, n'entraîne pas la diminution de l'impôt sur le capital, ce qui contredit la thèse du veto des actionnaires, la structure de la fiscalité (poids de la taxation du capital, du travail et de la consommation) restant stable. Cette étude confirme celle de Garret et Mitchell [2001] portant sur dix-huit pays développés entre 1961 et 1993. De même, l'idée que la diminution de l'impôt mine le *Welfare State* n'est pas vérifiée pour la Suède qui, malgré la diminution des impôts de 1991, n'a pas coupé dans les dépenses sociales, mais a joué sur le déficit [Steinmo, 2002, p. 851]. La résistance de l'État-providence aux États-Unis est reliée à la nature du régime politique qui donne la capacité aux pouvoirs institués (notamment le Congrès) de s'opposer aux réformes [Tsebelis, 1995]. Cette dernière analyse est contredite par Hacker [2004] car des ajustements discrets conduisent à privatiser de plus en plus les risques. L'échec de la réforme du président Clinton visant à étendre la protection sociale aux États-Unis marque aussi un recul non mesurable de l'État-providence. Les adversaires de l'État-providence s'opposent à la prise en compte des risques nouveaux ou plus élevés, tels l'accroissement des inégalités, l'instabilité des revenus, la déqualification de certains emplois de services, les aléas familiaux... L'approche néoinstitutionnelle insiste sur l'inertie institutionnelle (*path dependance*), mais admet aussi que les changements de référentiels peuvent modifier l'État-providence [Merrien, 1990, p. 286].

Contrairement à l'argument néolibéral, il faut souligner qu'un bon niveau de protection sociale n'est pas contradictoire avec l'efficacité économique [Headey, Goodin, Muffels et Dirven, 1999], comme le montre le modèle nordique de l'État-providence qui résiste bien à la globalisation économique, malgré des taux de prélèvements obligatoires élevés [Steinmo, 2002 ; Méda, 2006]. De même, les services sociaux au sens large participent au bien-être sociétal et à la croissance économique si l'on suit Sen [2000].

La dégradation de la situation des pays pauvres

Une étude de quarante-trois pays pauvres [Rudra, 2002] indique que la globalisation entraîne un déclin de l'État-providence si l'on retient comme indicateur, non pas le total des dépenses publiques, mais le poids des dépenses sociales par rapport au PIB : alors que dans les pays développés, le ratio passe de 12 % en 1972 à 16 % en 1995, il régresse de 3,2 % à 2,5 % pour ces pays. Cette analyse va dans le sens de la théorie des

Les effets de la mondialisation selon les indicateurs retenus

Selon Garret et Mitchell [2001], les effets de la globalisation sur l'État-providence dépendent des indicateurs retenus. Par rapport au volume des échanges ou à l'ouverture du marché financier, la globalisation économique ne diminue pas la taxation du capital, elle réduit le total des dépenses publiques, mais à un rythme faible, ce qui va (peu) dans le sens de la thèse du retrait de l'État (efficience du marché). Par rapport à l'indicateur de dépendance envers des pays à bas salaires, l'effet de la mondialisation est inverse : les dépenses publiques augmentent, dans le sens de la théorie de la compensation (résistance de l'État). La globalisation, mesurée par l'indicateur de l'investissement étranger, n'atteint pas les dépenses sociales qui progressent en proportion du chômage, ce qui va aussi dans le sens de la résistance de l'État-providence.

Une autre étude portant sur quinze pays de 1960 à 1996 [Crepaz et Moser, 2004] montre que la globalisation (mesurée par les échanges et la dérégulation du capital) est corrélée positivement avec les dépenses de transferts sociaux, ce qui va dans le sens de la théorie de la compensation, mais que cet effet dépend de l'arrangement institutionnel en vigueur (la compétition des pouvoirs établis entraînant une tendance au blocage, au *statu quo*).

Korpi et Palme [2003] discutent l'utilisation du poids des dépenses sociales dans le PIB comme indicateur du *Welfare State*. Ils défendent l'approche par les ressources du pouvoir pour expliquer le retrait de l'État-providence étudié dans dix-huit pays de 1975 à 1995. La logique économique joue moins que les facteurs politiques liés au pouvoir issu des conflits de classes sur le marché du travail. L'ampleur du retrait du *Welfare State* dépend peu de la globalisation, mais de la variable partisane qui freine plus ou moins les coupes sociales, selon le contexte : la gauche tend à couper les dépenses sociales quand la situation des finances publiques est dégradée, mais les augmente significativement en cas de dégradation du chômage (compensation).

Par rapport à l'indicateur d'ouverture économique, une étude de quatorze pays de 1973 à 1999 [Kite, 2002] indique qu'il n'y a pas de relation claire entre l'ouverture économique et le niveau de *Welfare State* mesuré par les dépenses de transferts sociaux et de services publics sociaux. Il existe des pays riches fortement ouverts avec un État-providence généreux. L'idée qu'un État-providence minimal associé à un faible pouvoir du travail (syndicats faibles, flexibilité, etc.) est un avantage dans une économie globale n'est pas vérifié, sauf pour les États-Unis, et encore dans la période postérieure à 1990.

ressources politiques en montrant que les réserves et le manque de qualification de la main-d'œuvre, associés à des institutions moins démocratiques, affaiblissent la force de négociation du travail. Cette tendance s'accentue avec la mondialisation mesurée par des indicateurs d'ouverture du marché.

L'influence du « consensus de Washington », prôné dans les années 1980-1990 par le FMI et la Banque mondiale (pour stabiliser la dette, libérer les marchés, diminuer les dépenses publiques notamment par la privatisation), apparaît négative : selon une étude portant sur cinq pays d'Amérique centrale de 1975 à 1995 [Jonakin et Stephens, 1999], la diminution ou la stagnation des dépenses d'éducation s'accompagne paradoxalement d'une hausse des intérêts de la dette, alors que les dépenses d'éducation (capital humain) ont diminué ou stagné. L'analyse de Stiglitz [2002, 2006] rejoint cette critique de la détérioration du capital humain au profit de priorités financières économiquement mal fondées.

Des études plus ciblées apprécient l'impact des politiques sociales en faveur des démunis. Par exemple, une étude [Schultz, 2004] montre que les subventions aux régions les plus pauvres du Mexique, selon un indice synthétique de pauvreté, ont un impact positif sur les inscriptions scolaires, les inégalités de genre, la mobilité économique, mais peu sur la valorisation du capital humain. Une autre étude [Schady, 2000] portant sur le fonds social péruvien entre 1991 et 1995 montre que les subventions attribuées par l'État central aux provinces ont un effet de redistribution sociale vers les plus pauvres, mais qu'elles constituent aussi un instrument politique qui suit les cycles électoraux et qui avantage les circonscriptions critiques pour la réélection des politiciens.

Quel modèle social pour l'Europe ?

Désormais, de nouvelles politiques sociales tentent de faire face à l'exclusion sociale, la précarité, la nouvelle pauvreté, la déqualification, les atteintes à la santé publique [Paugam, 1991]. La question d'un modèle européen de l'État-providence se pose pour éviter la dualisation territoriale et sociétale opposant les protégés et les précaires. La diversification des formes de la protection sociale ne doit pas cacher la centralité de cet enjeu pour les citoyens. Les priorités financières de l'Union européenne (*cf.* chapitre III) restent limitées pour établir une politique sociale communautaire.

Pour les nouveaux États membres, la reprise de l'acquis communautaire n'implique pas de contraintes fortes sur la forme de l'État-providence. Il s'agit de choisir entre le modèle scandinave de protection sociale financé par l'impôt, le modèle bismarckien financé par les cotisations sociales et le modèle libéral financé par les assurances privées. Pour l'instant, la protection sociale de ces États relève de modèles mixtes variés [Wagener, 2002] : les divers compromis nationaux sont peu influencés par la tendance politique du gouvernement et combinent héritage et libéralisme, intervention publique et assurance privée, sous la contrainte du financement. On est loin de l'idée réductrice d'un dumping social inexorable.

Dans le contexte de la transformation des risques sociétaux [Beck, 2001], les enjeux de la protection sociale évoluent. La nature du lien social est à repenser en relation avec sa dimension financière au niveau européen. Le poids des transferts sociaux en Europe montre qu'il existe bien un *Welfare State* européen, même si les constructions historiques et institutionnelles varient d'un pays à l'autre, et que chaque État agit seul pour réformer sa protection sociale. Des choix communs sont à trouver entre les logiques d'assurance par les cotisations sociales, de solidarité par l'impôt. L'action publique ne peut s'en remettre, sans débat public, au marché des assurances privées. Pour l'instant [Daniel et Palier, 2001], chaque État réforme sa protection sociale (en France, *cf.* l'allocation d'autonomie et le RMI dévolus aux départements, la fiscalisation par la contribution sociale généralisée, le médecin référent...).

Un État-providence généreux suppose un bon niveau de dépenses sociales publiques, à l'instar de la Suède où les dépenses sociales s'élèvent à 29 % du PIB. La crise financière de l'État-providence des économies développées est exagérée, protection sociale et performance économique n'étant pas incompatibles. La forme de la protection sociale est un choix démocratique et éthique de société qui relève de la sociologie financière de la décision.

II / Sociologie de la décision budgétaire

Sociologiquement, le processus de la décision budgétaire est structuré par le système financier qui est désormais éclaté entre les finances interdépendantes de l'État, les finances sociales, les finances locales et les finances communautaires. Les théories de la contrainte, comme celle de l'incrémentalisme qui insiste sur le poids des dépenses passées, mettent l'accent sur l'absence de marge de manœuvre. Pourtant, des choix politiques caractérisent bien les politiques budgétaires menées par les acteurs du pouvoir financier.

L'évolution du système financier

Le système financier n'est plus réductible comme à l'époque classique aux finances de l'État [Orsoni, 2005], en raison des mutations des finances nationales, locales, sociales (*cf.* chapitre I) et communautaires.

Les mutations des finances de l'État

Le périmètre du secteur public des pays développés s'est accru jusqu'à la remise en cause néolibérale de l'État-providence. Quantitativement, les dépenses publiques restent importantes, mais des politiques visent à les réduire. La taille du secteur public diminue par la privatisation et l'externalisation des tâches de l'État (qui maintient un droit de regard [Gutman, 2003]). L'externalisation consiste non pas à vendre les actifs de l'État (privatisation), mais à confier des tâches publiques au privé. Si la concession et la délégation de services publics sont anciennes, le mouvement s'est accentué avec la sous-traitance d'activités comme l'équipement militaire [Aben et Percebois, 2004, p. 15].

Le début des privatisations modernes date de 1961 avec la décision du gouvernement allemand relative à Volkswagen. Le phénomène a un caractère majeur pour le périmètre des finances publiques, avec 2 459 opérations réalisées entre 1977 et 1999 dans cent vingt et un pays (*cf.* encadré). Il suscite des controverses sur les gains réels [Hastings-Marchadier, 2002] : pour la France (*Le Monde*, 1er août 2005), la privatisation des autoroutes causerait ainsi une perte de 20 milliards pour l'État actionnaire sur la durée de concession. Selon Goldscheid [1967], un des fondateurs de la sociologie financière, la diminution du secteur public rend l'État plus dépendant financièrement. Les politiques de privatisation correspondent à un stade avancé du développement économique, celui du capitalisme financier aux liquidités fortes (*cf.* encadré).

Par rapport aux attentes des gens [Kemp, 2002, p. 152], les préférences vont aux services publics : selon une étude de l'État du Michigan [Thomson et Elling, 2000], la majorité des gens (de 50 % à 85 %) préfère, pour dix services sur quatorze, le public au privé (y compris le secteur non lucratif), alors même que la perception des entreprises privées est bonne. Les privatisations sont préférées par les Blancs, les riches, les républicains mais selon une faible variance des préférences (6 %). La préférence pour un service public est forte si la santé est concernée, si de nombreuses personnes attendent le service, s'il y a peu d'offre (monopole) et en cas d'externalités négatives, selon une étude [Mahoney, Kemp et Webley, 2005] menée à partir de scénarios expérimentaux en Angleterre et en Nouvelle-Zélande.

Les mutations des finances locales et communautaires

Les finances locales connaissent un essor à la suite du mouvement de décentralisation de ces dernières décennies dans de

Les facteurs de la privatisation

Une étude internationale [Bortolotti, Fantini et Siniscalco, 2003] analyse les privatisations dans trente-quatre pays de 1977 à 1999. La politique de privatisation ne suit pas les cycles économiques mesurés par le PIB, mais est à relier statistiquement à la présence d'un marché financier développé, d'une dette extérieure élevée et d'un haut revenu par habitant. L'existence d'un haut niveau de liquidités sur le marché (valeurs du stock d'actions sur le marché des capitaux et des actions échangées) est fortement corrélée avec le niveau de privatisation. Les privatisations sont surtout pratiquées par les pays développés : quarante-huit opérations par pays sur la période étudiée contre dix-neuf pour les pays moins développés. Dans les dix-sept pays riches, elles rapportent en moyenne 49,3 milliards de dollars contre 5,4 milliards pour les dix-sept pays les moins développés. Calculées en % du PIB, les privatisations dans les pays riches sont deux fois plus rentables que dans les pays pauvres (7,6 % du PIB contre 3,5 %). Elles tendent à être absentes quand des institutions démocratiques ne sont pas en place. Une corrélation partielle entre les privatisations et les gouvernements de droite apparaît. La nature du système juridique joue aussi résiduellement : dans les pays de tradition juridique de *common law*, les privatisations sont plus courantes que dans les pays comme la France ou l'Allemagne où les contraintes juridiques sont plus fortes.

nombreux pays. Le développement des entreprises publiques locales en Europe, véritables satellites des collectivités, illustre aussi ces mutations. En 2004, dans les vingt-cinq pays membres de l'Union européenne, seuls le Luxembourg, Chypre et Malte n'ont pas d'établissements publics locaux (selon www.dexia.org). On en dénombre 16 350, avec un chiffre d'affaires de 138 milliards d'euros et 1 125 000 employés. Ces entreprises ont des activités variées : développement local, eau, électricité, énergie, gaz, transports publics, tourisme, déchets, santé, environnement, culture… Dans sept pays, l'impact des privatisations devrait à terme en limiter le nombre. Les chiffres sont en hausse dans trois pays et stables pour les autres. À l'exception du Royaume-Uni et de la Hongrie, le capital est détenu par les collectivités locales, la plupart du temps à 100 %. En France, des mutations s'opèrent aussi par l'intercommunalité (lois Voynet et Chevènement de 1999), avec, en 2006, plus de

Les relations financières État/collectivités locales

Pour leur trésorerie, les collectivités locales ont l'obligation (article 26 de la LOLF) de déposer leurs fonds libres au Trésor public. Le dépôt n'est pas rémunéré. En contrepartie, l'État verse des avances chaque mois aux collectivités locales sur le produit des quatre grands impôts locaux. Ces avances sont calculées sur la base des impôts votés par la collectivité locale et non sur les impôts locaux effectivement encaissés par l'État. Comme ces impôts sont plutôt encaissés en fin d'année et en raison des retards et des impayés, le compte d'avance aux collectivités locales est structurellement déficitaire. L'État fait valoir que la gestion (assiette, recouvrement, contentieux) de l'impôt local a un coût élevé. Les collectivités locales arguent que ce coût est compensé par les frais prélevés sur les avis d'imposition des contribuables locaux et qu'ils assurent des missions relevant de la compétence de l'État. Ce débat renvoie aux relations financières complexes d'un État décentralisé, sachant que les collectivités locales ont trouvé une parade à l'obligation de dépôt en développant une gestion active de leur trésorerie et de l'emprunt (profitant de la liberté juridique de l'emprunt et de la fin de l'encadrement du crédit par la Caisse des dépôts).

Les dotations de l'État regroupent divers transferts financiers vers les collectivités locales, essentiellement : la dotation globale de fonctionnement, la dotation globale d'équipement, des dotations compensant le coût des transferts de compétences résultant de la décentralisation, des dotations compensant certaines exonérations d'impôts locaux accordées par l'État. En 2004, les prélèvements sur les recettes de l'État au titre des dotations versées aux 2 500 groupements de communes à fiscalité propre (surtout des communautés d'agglomérations) qui concernent plus de 32 000 communes et 52 millions d'habitants.

Les finances communautaires sont peu développées (environ 1 % du PIB communautaire). Le budget de l'Europe finance la politique agricole commune et la politique régionale. Mais ce système peine à trouver sa légitimité (*cf.* chapitre III) en l'absence de projet politique cohérent et en raison des limites budgétaires. L'Europe des finances publiques se manifeste aussi par la discipline budgétaire avec les critères de convergence du traité de Maastricht. Ces critères, prévus pour la mise en place de l'euro, ont été prolongés par le pacte de stabilité et de croissance d'Amsterdam de juin 1997 : le déficit public est limité à 3 % du PIB et la dette publique à 60 %, ce qui vise les finances locales, collectivités locales s'élèvent à près de 60 milliards d'euros, soit pratiquement le montant du déficit de l'État. Par le jeu des dotations de compensation, l'État est devenu le premier contribuable local car sa part est plus importante que celle versée directement par les citoyens locaux. La nationalisation ou recentralisation de l'impôt local désigne ce phénomène de compensation des allègements des impôts locaux mis à la charge des contribuables du budget national. De fait, la taxe d'habitation n'est plus un vrai impôt local [Sénat, 2003] en relation avec la valeur du logement occupé, puisque la moitié des contribuables bénéficie d'un dégrèvement partiel ou total (en fonction du revenu). Le régime complexe et souvent réformé des dotations de l'État français existe sous diverses formes dans tous les pays européens [Dexia, 2002] : il est délicat à remettre en cause.

Le financement des transferts de compétences (loi constitutionnelle du 28 mars 2003 de l'acte II de la décentralisation) marque aussi l'interdépendance des finances nationales et locales : que vaut la décentralisation si les moyens financiers ne sont pas à la hauteur des nouvelles charges qui en découlent ? L'autonomie financière suppose de disposer de ressources suffisantes pour mener des politiques locales. Elle implique aussi de considérer le pouvoir de dépenser. En France, le nouvel article 72-2 de la Constitution dispose que « les recettes fiscales et les autres ressources propres des collectivités territoriales représentent, pour chaque catégorie de collectivités, une part déterminante de l'ensemble de leurs ressources ». Un pouvoir fiscal des collectivités locales est ainsi reconnu [Philip, 2004, p. 131]. Toutefois, cette garantie relative ne résout pas le problème de la réforme du système fiscal local dont les défauts sont patents [Lambert, 2006]. Finalement, le désengagement financier de l'État est en jeu.

sociales et de l'État. Curieusement, l'article 1 de la LOLF française (réforme de 2001) ne mentionne pas ces critères communautaires [Daillier, 2004] pour définir l'équilibre budgétaire et financier.

Les partenariats financiers

La conception traditionnelle du budget public autonome, limité aux recettes et aux dépenses d'une entité juridique, reste structurante pour le droit budgétaire, mais est battue en brèche par les pratiques de cofinancements. La contractualisation dans le secteur public, sans être nouvelle, s'est développée dans les pays industrialisés [Fortin, 1999] entraînant la montée des partenariats financiers.

Le phénomène du partenariat public-privé (PPP) a une ampleur variée selon les pays [Marty, Trosa et Voisin, 2006]. En Europe [Parker et Hartley, 2003, p. 98], le Royaume-Uni se situe aux premières places, avec (en 1999) 40 % des PPP d'Europe ; l'Allemagne en comptabilise 8 %, l'Espagne 4 %, l'Italie, la France et les Pays-Bas pris ensemble 9 %. Le Royaume-Uni a signé 665 contrats de 1987 à 2005, avec un pic en 2000 ; pour les pays en voie de développement, la Banque mondiale décompte 2 500 projets de 1990 à 2001 mobilisant 750 milliards de dollars sur cent trente-deux pays, avec une concentration sur l'Asie du Sud-Est et l'Amérique du Sud. La France dispose, depuis l'ordonnance du 17 juin 2004, du « contrat de partenariat », mais selon des limites juridiques étroites. Le succès de ces montages dépend de l'évaluation des risques à partager [Grimsey et Lewis, 2002].

En France, les cofinancements publics sont importants dans tous les secteurs comme le montre une étude empirique des budgets de 1989 à 1994 du Conseil régional du Limousin [Gilbert, Thoenig, Cornu et Leroy, 1997]. Une des voies principales du partenariat est concrétisée dans le contrat de plan dont l'étude (*cf.* chapitre III) confirme la prégnance des crédits publics, infirmant une certaine conception de la gouvernance.

Le même constat ressort d'une recherche [Leroy, 2003] sur les maisons des services publics offrant des services de proximité en un même lieu pour constituer une solution au retrait des services publics en milieu rural, aux difficultés d'accès aux services en milieu urbain. Il s'agit aussi de moderniser la relation de service aux usagers et citoyens et de favoriser le développement local. Ici, l'État joue un rôle d'impulsion financière dans le cadre de partenariats à dominante publique où les communes sont très impliquées. Les limites juridiques du contrat de partenariat créé en 2004 vont aussi dans ce sens. En France, la régulation financière de l'action publique a un caractère public marqué, même si la situation peut évoluer en fonction des contraintes et des politiques menées.

La gouvernance à l'épreuve des cofinancements du contrat de plan

La notion de gouvernance est testée sur le terrain du partenariat financier dans le contrat de plan [Leroy, 2006]. Le contrat de plan est signé par l'État et la Région pour développer le territoire régional. Les crédits contractualisés augmentent à chaque génération, en partie du fait de l'intégration de nouveaux secteurs (université, politique de la ville...) et de l'allongement de la durée du contrat de plan : 10,65 milliards d'euros en 1984-1988, à 15,5 pour 1989-1993, 23,08 pour 1994-1999, et 33,6 pour 2000-2006, avec 16 milliards d'euros au titre des fonds européens 2000-2006 et 12 milliards pour 2007-2013. L'effort de l'État pour 2000-2006 équivaut à 17 % environ de son budget d'investissement civil : l'effort des régions correspond à 27 % environ de leur budget d'investissement.

La structure du partenariat montre que, depuis le premier contrat de plan, la part de l'État (en pourcentage) diminue et s'équilibre pour la période actuelle avec la part de la Région qui est en hausse : en effet, la part de la Région est de 50,5 % pour 2000-2006, alors qu'elle était de 40 % pour la première génération 1984-1988, de 44,6 % pour 1989-1993, de 47,9 % pour 1994-1999. La part cumulée de la Région et des communes, groupements et départements est supérieure à celle de l'État, sauf pour deux domaines où elles s'équilibrent. Malgré la diversité des montages financiers, le partenariat a un caractère essentiellement public, avec une prédominance de l'État et de la Région, et peu de partenaires privés, selon des configurations plutôt simples. La configuration la plus répandue est limitée aux deux partenaires « État + Région seuls ». Il existe de manière surprenante des configurations à un seul financeur, allant jusqu'à 8 % à 10 % des cas dans cinq contrats de 1994-1999, constat valable pour la génération 2000-2006.

La notion « ambivalente » [Jessop, 1998, p. 31] de gouvernance, comprise comme retrait de l'État au profit du partenariat public-privé [de Alcantara, 1998, p. 109], ne correspond pas à la réalité des cofinancements du contrat de plan. Malgré son intérêt théorique, la gouvernance trouve dans les cofinancements de l'action publique un terrain de discussion fécond qui marque ses limites empiriques. Ainsi, dans le contexte de la décentralisation, l'action partenariale reste en France encore largement publique.

Théories de la contrainte ou choix budgétaires

Le système des finances publiques est souvent analysé en termes de contraintes inexorables de l'environnement, des cycles politico-économiques, des blocages institutionnels. La

Les contraintes de l'environnement

À l'époque des finances publiques libérales, le budget était plus imperméable aux contraintes de l'environnement. Le poids des dépenses et des recettes restait faible. Les impôts étaient, à l'instar des taxes françaises issues de la Révolution, peu sensibles à l'économie. Les dépenses étaient limitées aux grandes fonctions régaliennes de l'État. Toutefois, certains impôts (comme l'octroi des villes) et les droits de douane réagissaient à la conjoncture. De même, les budgets exceptionnels n'étaient pas inconnus.

Les finances interventionnistes marquent une réaction aux deux guerres mondiales et à la crise économique de 1929. Avec le succès de la théorie keynésienne, les budgets publics croissent en volume et se modifient structurellement, devenant plus sensibles à l'environnement. Inversement, l'interventionnisme par les recettes et les dépenses assoit l'action du budget sur l'économie et joue donc sur les contraintes. La relance économique par la dépense publique (multiplicateur des dépenses de Keynes) est alors mise en pratique.

La remise en cause de l'interventionnisme keynésien insiste sur les nouvelles contraintes qui limitent la marge de manœuvre budgétaire. La mondialisation entraîne une ouverture accrue des économies nationales et un essor des marchés financiers qui seraient en mesure de sanctionner les politiques contraires à leur credo néolibéral. L'Europe impose la limitation du déficit public et de la dette, les Banques centrales déterminent en toute indépendance le taux d'intérêt sans pouvoir intervenir pour financer les déficits publics. Le droit communautaire comme la globalisation économique imposeraient donc des contraintes budgétaires et monétaires fortes. Cette idéologie déterministe de la contrainte extérieure est réductrice des choix politiques. Comme on l'a vu, la mondialisation a des effets complexes sur les dépenses publiques : elle conduit aussi à des politiques de compensation pour les plus démunis par les dépenses sociales ; elle modifie peu [Leroy, 2006] les structures fiscales sur le long terme (par exemple la taxation du capital), même si l'influence des forums internationaux (OCDE par exemple) est réelle. À côté des multinationales financièrement puissantes, les États et les investisseurs institutionnels restent acteurs de la mondialisation.

Pour la contrainte européenne, la France et l'Allemagne, malgré des déficits en 2003-2004 supérieurs à la limite de 3 % du PIB fixée par le droit communautaire, ont échappé à toute sanction (malgré la décision de la Cour de justice des Communautés européennes du 13 juillet 2004). Le pacte de stabilité d'Amsterdam, critiqué par certains gouvernements, est une décision politique susceptible d'être remise en cause. Cela étant, la dette publique devient aussi un facteur de rigidité.

L'influence du cycle électoral sur le budget

Échantillon	Période	Résultats	Auteurs
Danemark, Finlande, France, Italie, Norvège, Suède	1978-1986	Oui pour la hausse des dépenses Non pour les recettes	Mouritzen [1989]
92 villes américaines > 100 000 habitants	1978-1985	Oui : surtout hausse des recettes et hausse des dépenses	Strate, Wolman et Melchior [1993]
20 villes américaines		Oui : hausse des dépenses et recettes Non : poids des décisions du passé	Bhattacharyya et Wassmer [1995]
10 provinces canadiennes	1951-1984	Oui (mais faible) pour les dépenses sociales et d'infrastructure	Blais et Nadeau [1992]
105 villes > 50 000 habitants	1988	Non, les dépenses dépendent de la politique fiscale	Bosch et Suarez-Pandiello [1995]
10 villes israéliennes	1964-1982	Non, les candidats qui ne se représentent pas augmentent plus les dépenses que les autres	Rosenberg [1992]
883 villes françaises > 10 000 habitants	1988-1999	Oui pour les dépenses en capital et pour la dette	Binet et Pentecote [2004]
Administrations publiques locales (France)	1965-2000	Oui pour les dépenses d'investissement	Besson [2002]
91 villes françaises > 50 000 habitants	1977-2001	Oui pour les dépenses publiques, surtout d'investissement	Foucault et François [2005]

Source : d'après Foucault et François [2005], complétée par nous.

Les *veto points*

La théorie des points de veto (*veto points*) constitue une forme d'étude des contraintes du système budgétaire. L'idée [Tsebelis, 1995, 1999] est que plus les points institutionnels de résistance (partis, chambres parlementaires, groupes d'intérêts...) sont nombreux, plus le changement est difficile.

L'étude de Crepaz et Moser [2004] affine la question, à partir d'une étude empirique portant sur quinze pays de l'OCDE de 1960 à 1996. Elle distingue les facteurs d'action collective des facteurs d'action concurrentielle (*collective et competitive veto points*). Dans le premier cas sont retenus comme indicateurs : un système électoral proportionnel (qui pousse à la multiplication des partis et des candidatures et nécessite des coalitions), un nombre élevé de groupes parlementaires, une influence des groupes d'intérêts de nature corporatiste (favorisant certains groupes sociaux) et non pas pluraliste (équilibre des demandes). Ici, la forte diffusion institutionnelle du pouvoir pousse aux dépenses publiques, la coalition au gouvernement veillant au respect des promesses (dépenses). Dans le second cas, celui de la compétition, les indicateurs de l'effectivité du fédéralisme et du bicaméralisme conduisent au *statu quo* en raison du blocage réciproque entre les institutions, et donc à une stabilité des dépenses, parfois à leur diminution. Ainsi, dans ce type de configuration, les effets négatifs de la mondialisation ne sont pas compensés par l'État-providence.

Des sources nouvelles de *veto points*, plutôt compétitifs, se créent avec le large mouvement de décentralisation (et du fédéralisme) de ces dernières décennies dans les transitions démocratiques en Amérique, en Asie, en Afrique, dans les pays issus du bloc soviétique et dans les démocraties anciennes de l'Europe. La dégradation courante des finances décentralisées contredit l'idée d'une stabilisation des dépenses (*statu quo*).

La théorie des *veto points* autorise un dialogue fécond avec l'approche institutionnelle classique. Elle introduit les facteurs de diffusion sociale et politique du pouvoir mais, comme la théorie incrémentale, néglige les capacités de choix des acteurs financiers.

rigidité budgétaire est mise en avant par la théorie standard de l'incrémentalisme qui sous-estime alors la dynamique des changements budgétaires qui aujourd'hui visent la performance gestionnaire.

Les cycles politico-économiques

Selon la théorie des cycles politico-économiques (*political business cycles*), le budget doit se plier à un rythme cyclique pour satisfaire les électeurs (comme le veut la théorie des choix publics) ou pour se plier aux variations de l'économie. La théorie du cycle électoral suppose une autonomie des élus dans l'utilisation des recettes et des dépenses et marque la dépendance du budget aux échéances électorales. On parle de cycle opportuniste si l'équipe au pouvoir diminue les impôts et augmente les dépenses à la veille des élections, et de cycle partisan si le budget traduit, l'année suivant l'élection, le programme de l'équipe élue.

La théorie du cycle économique apparaît plus déterministe. En France, une étude de la Caisse d'épargne datée de 2003 (*Les Finances locales à l'horizon 2007*) montre une corrélation (période 1995 à 2002) entre le cycle économique mesuré par l'indicateur du PIB et l'évolution des bases des quatre principaux impôts locaux. En revanche, les taux d'imposition décidés par les collectivités locales apparaissent moins sensibles à la conjoncture économique. Une corrélation entre le cycle économique et le cycle d'investissement local apparaît aussi (période de 1982 à 2002).

Les petits ajustements de l'incrémentalisme

La théorie de l'incrémentalisme [Lindblom, 1959] désigne des changements réalisés selon des ajustements de faible ampleur. En matière budgétaire, elle est développée par Wildavsky, déjà évoqué pour sa théorie culturelle (*cf.* chapitre I).

L'incrémentalisme vise à la fois l'inertie du processus de décision et des résultats : la négociation et le montant des crédits partent de l'année précédente, avec de faibles modifications, ce qu'il convient d'apprécier de manière critique.

La discussion de l'incrémentalisme

L'incrémentalisme de résultat fait valoir la faiblesse des variations annuelles du volume des budgets publics. Il retient un niveau d'agrégation trop élevé des dépenses. Ainsi, l'étude française (antérieure à la réforme de 2001) de Siné [2003] porte sur sept grandes catégories de dépenses, et les études anglo-saxonnes

L'étude empirique de l'incrémentalisme

Le sociologue Wildavsky est l'auteur de référence de l'incrémentalisme budgétaire qu'il étudie dans le cas du budget fédéral des États-Unis [1964] : en s'appuyant sur les décisions de répartition (*appropriations*) des crédits dans les administrations par les comités du Congrès de 1946 à 1963, il soutient que le budget est reconduit sur les bases de l'année précédente avec peu de modifications (10 %). Dans une étude comparative [1975], ce sociologue estime que l'incrémentalisme est applicable à tous les budgets publics, ce que confirment d'autres auteurs, pour les États-Unis [Fenno, 1973], pour la

Norvège [Cowart, Hansen et Brofoss, 1975], pour l'Angleterre [Rose et Davies, 1994]. Pour la France, une étude du budget général de l'État [Siné, 2003] de 1975 à 1999 soutient que la marge de manœuvre a diminué avec le poids accru des dépenses à forte inertie (dette, rémunérations, pensions, action sociale) : le budget serait incrémental dans ses résultats et dans la décision car le montant et la négociation des crédits s'opèrent par rapport à l'année précédente. Pour les départements français, l'impact de la gestion des prestations sociales, dont le RMI, est très lourd et vient limiter leurs marges de manœuvre : en 2005 (*Le Monde*, 28 juin 2005), les départements n'ont aucune prise sur 90 % de la hausse de leurs dépenses de fonctionnement.

considèrent le niveau des *agencies* (ministères ou grandes directions). Parfois, seule la variation du volume global du budget est mesurée. En général, à ce niveau d'agrégation, les variations annuelles sont effectivement faibles au regard de la masse des crédits en cause. Les modifications existent à un niveau non agrégé des données. À un niveau plus fin du budget français [Siné, 2003, p. 187], sept budgets sur vingt-huit varient fortement, ce qui infirme l'incrémentalisme de résultat ; les variations annuelles en dépenses réelles sont faibles, mais les variations en crédits initiaux dans les lois de finances sont plus importantes : une place existe pour le jeu politique des acteurs. L'incrémentalisme français est aussi le produit de la faiblesse du Parlement ; or, avec la LOLF de 2001, le budget de l'État devient un budget d'objectifs et non plus un budget de moyens reconduits tous les ans.

À volume budgétaire égal, de forts changements se produisent. Le redéploiement des crédits modifie la structure des dépenses, par exemple pour le budget américain [Kanter, 1972 ; Natchez et

Bupp, 1973 ; Moreland, 1975]. LeLoup [1978] parle même de mythe de l'incrémentalisme. Il faut aussi prendre en compte les modifications du périmètre du budget (privatisation, décentralisation…) et le rythme des changements. Une décision a parfois des conséquences budgétaires faibles pour l'année suivante, mais significatives par la suite. La variable dépendante dans les études empiriques est le volume du budget de l'année précédente, ce qui lisse et parfois occulte les changements pluriannuels : constater qu'il y a peu de variation en masse globale du budget devient un truisme et ne préjuge pas de la marge de manœuvre politique sur plusieurs années. La réduction du temps de travail à 35 heures, le plan pour l'Éducation nationale de Lionel Jospin, les baisses d'impôt sur le revenu du président Chirac ont des conséquences budgétaires significatives à terme.

Selon l'incrémentalisme de la décision, la négociation reconduit mécaniquement le budget de l'année précédente. Or, dans le cas du budget fédéral américain, les administrations demandent de fortes hausses de crédits [LeLoup, 1978, p. 495] qui ne sont pas reflétées par le document du président (utilisé pour les études incrémentales). Les propositions de dépenses s'inscrivent dans un processus budgétaire dynamique qui suppose de distinguer la préparation, le vote, la mise en œuvre, et le contrôle. L'étude [Potoski et Talbert, 2000] de 3 000 décisions du Congrès de 1994 à 1996 pour les politiques de redistribution montre que, lors de la préparation, les propositions de lois sont multidimensionnelles, pour obtenir un large soutien politique. Au stade du vote, elles se réduisent à une dimension déterminante pour le scrutin. Lors de la mise en œuvre, on retrouve la variété des dimensions de la préparation (les textes ne sont pas appliqués à la lettre).

En France, sous le régime de l'ordonnance du 2 janvier 1959, la procédure donnait juridiquement une importance aux dotations pour poursuivre l'exécution des services publics (« services votés » de l'article 33) : ce budget de moyens contraignait surtout le Parlement, et moins les ministères, en instaurant un vote unique global des services votés du budget général. Pour la préparation, la reconduction n'est pas à l'identique. Les lettres de cadrage du Premier ministre insistent toujours sur la maîtrise des dépenses et la négociation porte sur cette reconduction et sur les mesures nouvelles demandées par les ministères. Avec la LOLF du 1er août 2001, la notion de services votés n'existe plus (sauf en absence de vote de la loi de finances). L'adoption de cette réforme montre que le changement radical est possible. L'écart [Lambert et Migaud, 2005, p. 13] entre les demandes ministérielles et le cadrage gouvernemental (16 milliards en moyenne avant la réforme) s'est accentué (23 milliards en 2006). Une étude de la Région Rhône-Alpes [Leroy, 2001] montre que, malgré une marge de manœuvre financière forte, des choix politiques de stabilité sont opérés par l'exécutif régional (pas d'augmentation des impôts, limitation de la dette avec un remboursement en hausse de 269 % en 1997 par rapport à 1996). On note aussi, au nombre d'amendements déposés, que la contestation du budget régional est parfois importante.

Pour tous les pays membres de l'Union européenne, les choix budgétaires sont pluriannuels dans le cadre de la procédure de limitation des déficits du traité sur l'Union européenne. En France, ces exigences ont été reprises notamment par la procédure, prévue par la LOLF, des autorisations d'engagement pluriannuel des dépenses. Ces résultats contredisent l'inertie incrémentale par une conception plus fine du changement budgétaire.

Les changements de politique budgétaire

La typologie de Kantor et David [1983] croise la situation économique locale et le soutien politique à la municipalité pour étudier la politique budgétaire dans le cas de New York. L'incrémentalisme (de la décision et des résultats) est un cas particulier où le soutien politique est stable dans un bon contexte économique, permettant de satisfaire les groupes de soutien de la municipalité, sans trop de modifications budgétaires. Empiriquement, l'incrémentalisme est vérifié pour New York de 1945 à 1962. Trois autres situations se rencontrent : la politique budgétaire pluraliste (faible soutien politique et bonne situation économique générant des recettes) augmente les dépenses pour gagner le soutien de nouveaux groupes (cas de New York de 1962 à 1975) ; la politique élitiste (bon soutien politique, situation économique dégradée) privilégie les dépenses en faveur des entreprises tout en désamorçant les revendications des autres groupes sociaux par des concessions budgétaires limitées (cas de New York en 1975 où la crise entraîne l'intervention de l'État et de l'État fédéral dans le cadre d'institutions dominées par les hommes d'affaires qui coupent les dépenses). La politique budgétaire maîtrisée (soutien politique et situation économique en déclin) réalise des dépenses de revitalisation de l'économie locale, sans influence de l'élite économique locale qui est contestée : c'est le cas de New York à partir de 1980, mais une reprise économique a coupé court à cette quatrième phase budgétaire.

Des changements de référentiel (idées, valeurs, modes opératoires selon Jobert et Muller [1987]) des politiques budgétaires se produisent périodiquement. De nouvelles cultures budgétaires (*cf.* chapitre I) émergent. Le référentiel classique ou libéral du XIXe siècle, sans méconnaître les controverses [Beltrame, 2003] et les budgets exceptionnels, a pour piliers la limitation des dépenses et des recettes et la proscription de l'emprunt. À partir de 1914, il se modifie pour aboutir au référentiel keynésien après la Seconde Guerre mondiale. L'action par les dépenses publiques est légitimée. Depuis la fin des années 1970, le référentiel keynésien est remis en cause par le néolibéralisme (gouvernements Thatcher et Reagan). En France, le tournant de la « rigueur » date de 1983 après l'échec relatif de la relance par les dépenses publiques de 1981 (qui a profité aux partenaires extérieurs de la France par les importations). Si une politique keynésienne est possible au niveau européen [Fitoussi, 1994, p. 46], force est de constater que le référentiel du marché étend son emprise. Il prône la déréglementation, la privatisation, la maîtrise des dépenses, de la dette et du déficit public, la baisse des prélèvements obligatoires, sans oublier le démantèlement de l'État-providence... Le référentiel néolibéral suscite des résistances sociales et politiques importantes, ce qui le classe plutôt au rang d'une idéologie influente que d'un principe explicatif des politiques budgétaires.

Plus finement, il apparaît qu'un référentiel gestionnaire s'impose progressivement. Par exemple, la gestion de l'emprunt, de la trésorerie et de la dette par l'État et par les collectivités locales est devenue active après la jugulation de l'inflation qui a suivi le tournant de la rigueur de 1983. Le fédéralisme financier comme la décentralisation sont désormais évalués à l'aune de leur performance réelle [Garman, Haggard et Willis, 2001 ; Rodden, 2002 ; Leroy, 2005]. L'évaluation gestionnaire des politiques publiques (*new management)* est développée dans de nombreux pays [CSE, 1993, p. 63]. La gestion centrée sur les résultats selon la logique du budget d'objectifs se répand sous l'influence des autres pays [Groszyk, 2002 ; Ellis et Mitchell, 2002 ; Kibblewhite et Ussher, 2002] et de l'OCDE. En France, l'adaptation de ce nouveau référentiel s'est concrétisée dans la LOLF.

La performance dans la LOLF française

La LOLF instaure un référentiel gestionnaire. Le renforcement de la transparence financière et du rôle du Parlement responsabilise les gestionnaires des programmes publics sur les coûts, les objectifs, les résultats. La modernisation de la gestion publique [Abate, 2003] ambitionne de changer l'action publique par une « nouvelle gouvernance », celle de la performance [Barilari et Bouvier, 2004 ; Bouvier, 2004]. À la logique de moyens pour les administrations et du contrôle de conformité se substitue une logique d'objectifs et d'évaluation de la performance des programmes publics.

La nouvelle architecture budgétaire établit un équilibre entre la liberté du gestionnaire, qui dispose d'une enveloppe globale sur ses programmes, et le contrôle/évaluation de ses résultats définis dans son projet annuel de performance. Les trente-quatre missions de l'État, dont huit sont interministérielles, concourent aux politiques publiques et regroupent cent trente-quatre programmes. Les objectifs sont évalués [Sénat, 2005] à partir d'indicateurs d'efficacité ou d'intérêt général pour le citoyen, d'indicateurs d'efficience pour le contribuable, d'indicateurs de qualité pour l'usager du service public (*cf.* chapitre IV). La

La performance dans l'architecture budgétaire de la LOLF

Notion	Nature	Commentaire
Missions ou M	Regroupent des programmes, concourent à une politique publique, peuvent être interministérielles Création à l'initiative du gouvernement M = unité de vote du Parlement	Art. 7-I LOLF 34 M en 2006 Ex : travail, santé, écologie, culture, défense 8 M interministérielles
Programmes ou PR	Regroupent les actions d'un ministère avec des objectifs précis et des indicateurs de résultats PR = unité de spécialisation des crédits Liberté du gestionnaire pour redéployer les crédits d'un PR (fongibilité) mais responsabilisation par l'évaluation	Art. 7-II LOLF 132 PR avec un responsable 1 300 indicateurs chiffrés Ex : ministère de la Culture a 2 M avec 4 PR, le ministère de la Défense 3 M et 9 PR
Projet annuel de performance ou PAP	Joint au projet de loi de finances du gouvernement Concerne les programmes Présente les actions, coûts, objectifs, résultats, indicateurs pour l'information, le contrôle et l'évaluation du Parlement	Art. 51-5° LOLF 680 objectifs annuels de performance 1 300 indicateurs de performance chiffrés
Rapport annuel de performance	Joint au projet de loi de règlement du gouvernement, mesure les écarts d'exécution avec les prévisions	Art. 54-4° LOLF Même structure que les PAP Compte rendu des résultats
Fongibilité ou globalisation des crédits	L'enveloppe d'un programme est globale (fongible), le responsable pouvant en redéployer les crédits (les titres d'un programme sont indicatifs) Fongibilité asymétrique : les crédits du personnel ne peuvent être majorés par d'autres crédits, mais peuvent abonder d'autres postes	Art. 7-II LOLF Outil de liberté du gestionnaire Art. 7-III LOLF Pour les autres postes, la fongibilité n'est pas restreinte
Comptabilité	Elle est plus complète : double comptabilité de caisse et des droits et obligations constatés, tenue d'un bilan (patrimoine), suivi de trésorerie, comptes analytiques Certification par la Cour des comptes de la régularité, sincérité, fidélité des comptes de l'État	Art. 27 à 30 LOLF Support d'information, de gestion, de contrôle et d'évaluation Art. 58-5° LOLF

Notion	Nature	Commentaire
Information contrôle évaluation par le Parlement	Évaluation des programmes	Art. 7 LOLF
	Évaluation des dépenses fiscales	Art. 51-5°-b LOLF
	Évaluation par les commissions des finances	Art. 57 LOLF
	(pouvoirs : investigation, audition, communication…).	
	Référé possible	
	Assistance renforcée de la Cour des comptes	Art. 58 LOLF
		Nombreuses dispositions
	Pouvoirs renforcés du Parlement	

comptabilité publique de l'État est également réformée avec l'introduction du principe de sincérité, la certification des comptes de l'État. Les enjeux de performance se concrétisent dans les budgets opérationnels de programmes (BOP) qui deviennent les unités de pilotage des crédits : ces fractions de programmes sont gérées par un responsable identifié (un même responsable peut en gérer plusieurs). 2 200 BOP sont prévus pour 2006, dont 1 900 au niveau déconcentré, pour 1 200 responsables (surtout au niveau régional de l'État), tels le chef d'un régiment militaire, le président et le procureur de la Cour d'assises. Un directeur régional de l'action sanitaire gère sept BOP, un recteur cinq BOP, un directeur régional de l'agriculture cinq également…

La performance est un des piliers du nouveau référentiel gestionnaire de la LOLF qui admet deux lectures : la première dénonce le risque de rationalisation libérale des dépenses visant à la réduction des services publics ; la deuxième loue la volonté de démocratisation par la transparence des comptes publics et l'évaluation par les représentants des citoyens (Parlement). Les stratégies des acteurs sont à considérer avec attention, sachant que le pouvoir est aussi l'art de gouverner sous contraintes.

Le pouvoir des acteurs financiers

Le système financier comprend des acteurs, au pouvoir varié selon les pays, les époques, les contextes et parmi lesquels on distingue les maires, le ministère des Finances, le Parlement et le juge financier.

L'influence des maires sur les budgets

Le débat traditionnel sur le pouvoir local [Birnbaum, 1973 ; Dahl, 1961] mérite d'être porté sur le plan budgétaire. L'étude de Banfield [1961] insiste sur l'influence du maire (à Chicago) issu de la « machine politique » du parti démocrate pour filtrer les demandes des groupes d'intérêts dont le pouvoir propre est faible. Une certaine discipline financière (limitation des dépenses) en ressort. Une étude postérieure [Miranda, 1993] de Chicago (1970-1990) nuance cette théorie du parti fort au profit de la théorie de l'électeur-médian (*cf.* chapitre I). Kuo [1973] à partir d'interviews dans quatre-vingt-treize villes américaines soutient que l'influence du maire sur les décisions locales est significative. Il n'est pas facile de trancher empiriquement car les recherches reposent souvent soit sur une seule ville, soit sur la comparaison de plusieurs villes sur une seule année. Salanick et Pfeffer [1977] repositionnent le problème en distinguant, à partir de trente villes étudiées de 1951 à 1968, les caractéristiques de la ville, la conjoncture (nationale notamment) et l'influence du maire : le facteur ville est prépondérant et le facteur conjoncture important, même si la faible influence du maire (5 % à 10 % de la variance) concerne parfois des sommes importantes et augmente pour les dépenses non liées à des groupes d'intérêt. La même méthodologie [Begadon et Agocs, 1995], reprise sur quarante-neuf villes canadiennes de 1977-1990, confirme la faible influence du maire (et des directeurs généraux) par rapport aux variables du contexte. L'étude [Lowry, Alt et Ferree, 1998] des élections dans quarante et un États américains de 1968 à 1992 montre que les électeurs ne sanctionnent pas la gauche au pouvoir pour des augmentations d'impôts et de dépenses, mais sanctionnent la droite en cas d'augmentation des dépenses ou si elle n'utilise pas les excédents budgétaires pour diminuer les impôts.

La notion de maire entrepreneur [Le Bart, 1992] désigne l'engagement des maires dans le développement local. Elle est questionnée par Le Duff et Orange [1997] à partir des profils budgétaires en 1993 dans 234 villes de France.

Le maire protecteur limite l'impôt local et s'endette peu. Le maire cumulateur a recours à la fiscalité et à l'emprunt. Le maire anticipateur limite la pression fiscale et espère rembourser la dette élevée de la ville par les impôts tirés des investissements. Le maire collecteur utilise l'impôt fortement mais limite la dette. Les deux profils dominants (2/3) sont (à égalité) le maire protecteur et le maire cumulateur. Certains profils sont plus efficaces que d'autres : par exemple, le maire cumulateur utilise les ressources dégagées pour les dépenses d'équipement. Le clivage partisan ne joue pas si l'on retient l'étiquette générale gauche/droite mais joue en fonction du parti d'appartenance. Le maire collecteur (impôt sans endettement) a le risque électoral le plus faible. Le maire cumulateur (impôt et dette) risque le plus la sanction des électeurs. Pour la sociologie des préférences financières du citoyen, le véritable maire entrepreneur utilise des moyens financiers (impôt ou dette forts) pour équiper sa ville et a un risque électoral assez faible. Le maire est donc bien un acteur du système financier local selon des profils variés.

Le ministère des Finances

Le ministère des Finances est dans tous les pays un acteur clé de la décision, notamment en France [Kessler, 1972 ; Mamou, 1988 ; Orsoni, 2005, p. 95]. L'école française de la sociologie des organisations [Crozier et Friedberg, 1977] offre des outils intéressants pour l'étude du pouvoir des acteurs.

Appliqué à la préparation du budget français, le jeu stratégique implique la direction du budget, les ministères dépensiers, le ministre des Finances, le Premier ministre et le président de la République. La direction du budget dispose d'atouts liés à sa connaissance globale du budget et à son pouvoir d'expertise. Sa stratégie de pouvoir consiste à techniciser (équilibre, économies…)

Les stratégies des acteurs de la préparation du budget en France

Acteur	Objectifs	Atouts	Contraintes	Stratégies
Direction du budget	Équilibrer le budget Garder un rôle décisif	Info. globale Expertise Procédure budg. Traités Europe Mondialisation	Ministère des Finances Arbitrages pol. Besoins des services Priorités pol.	Segmenter, sectoriser, techniciser la discussion
Ministre des Finances	Conserver sa prédominance Améliorer sa réputation politique	Larges missions Rôle d'arbitre Information Expertise Procédure budg. Poids politique Traités Europe Mondialisation	Arbitrage Premier min. Arbitrage Pdt Direction budget Poids pol. ministres Crédibilité	Décider de la loi de finances Proposer une pol. Trouver des solutions finales
Ministre dépensier	Obtenir beaucoup de crédits	Poids du ministère Justificatifs des besoins Poids politique Priorités pol.	Incertitude sur le budget global Arbitrages pol. Priorités pol. Traités Europe Marchés	Reconduire beaucoup de crédits Justifier de nouveaux besoins Demander plus
Premier ministre	Afficher un bon budget politique	Chef du gouv. Rôle d'arbitre Poids politique Procédure budg. Traités Europe	Pdt de la Rép. Ministère des Finances Coalitions Promesses aux électeurs Opinion publique Réaction des experts	Dégager des priorités Ne pas mécontenter, limiter le déficit (expédients)
Président de la Rép.	Assurer les grandes orientations de son mandat, maintenir sa popularité	Chef de l'État Chef de la majorité (sauf cohabitation)	Textes budgétaires Premier ministre Promesses aux électeurs Opinion publique Architecture budget	Grands arbitrages Ne pas tomber dans l'arène

NB : la marge de manœuvre financière est sociologiquement complexe, ce qui explique que la situation économique ne figure pas dans le tableau : c'est parfois une contrainte, parfois un atout ; une détérioration de la situation économique peut justifier des économies (rigueur) mais aussi des interventions sociales (chômage), une période de croissance produit un surcroît de recettes qui sera affecté au désendettement ou à la redistribution selon les cas.

les discussions avec chaque ministère, en évitant la politisation des choix budgétaires (ne pas heurter le ministre des Finances, tenir compte du poids politique des ministres dépensiers, des orientations du Premier ministre). Une autre contrainte est sa méconnaissance des besoins réels des ministères dépensiers.

Parfois politiquement distingué comme ministre d'État, le ministre des Finances n'est pas en droit un ministre supérieur aux autres, à la différence de son homologue britannique. Ses atouts sont nombreux en raison de ses attributions et de son poids politique. Il se pose comme l'architecte des choix financiers et économiques. Il doit tenir compte de l'arbitrage du Premier ministre et du président de la République en cas de conflit avec un ministre dépensier au poids politique fort. Il doit aussi être crédible dans la politique économique et financière. Ses services coopèrent bien en général car ils ont intérêt au maintien du pouvoir du ministère des Finances. La mondialisation renforce ce pouvoir face aux ministères dépensiers, car elle légitime la limitation des dépenses par la sanction des marchés financiers ou la perte de compétitivité (délocalisation...). Les critères communautaires de limitation du déficit et de la dette ont le même effet.

Les ministres dépensiers ont des contraintes lourdes : ils ne maîtrisent pas les données globales du budget, ils dépendent de la technique budgétaire et des priorités du Premier ministre et du président de la République. Leur pouvoir dépend de la justification plus ou moins pertinente des besoins par leurs services. Les ministères tendent à majorer leurs demandes de crédits par des reconduites automatiques et des nouveaux besoins. Le Premier ministre et le président de la République sont en position d'arbitres politiques des choix budgétaires. Ils sont néanmoins tenus par l'architecture budgétaire définie par le ministre des Finances et la direction du budget. L'opinion publique, les promesses électorales sont des contraintes. Ils ont aussi une relation de pouvoir, au sens de la sociologie stratégique, plus ou moins conflictuelle selon les cas. En cas de cohabitation, le rôle du président est faible, à moins de parvenir à alerter l'opinion publique.

L'échec de la réforme du ministère italien des Finances (1993)

Une réforme du ministère des Finances italien [Cesare et De Vivo, 2000] est lancée par un texte du 3 février 1993 sur le management public. Il s'agit d'introduire la programmation par objectifs et le contrôle des résultats (mesure de la performance) à partir de trois mesures : l'autonomie administrative par rapport au politique, la déconcentration des responsabilités, la séparation des attributions de la direction générale et des directions opérationnelles. Dans le contexte particulier de l'Italie, l'objectif est d'améliorer la collecte de l'impôt et le contrôle fiscal. À l'instar de nombreux pays, la réforme vise à limiter le déficit budgétaire. La réforme fiscale est au centre de la réforme du ministère : le nouveau management entend modifier la rigidité d'une organisation centralisée et hiérarchisée, tout en remédiant à une autre particularité italienne, celle de la forte politisation de la bureaucratie et de l'interférence des partis politiques dans la gestion des services publics.

La réforme est un échec. Les responsables locaux voient en cette réforme un simple avatar de la majorité politique en place. La répartition des tâches entre les divers échelons n'est pas claire : l'échelon régional, au lieu de planifier les objectifs des échelons locaux, joue le rôle d'un médiateur auprès des services centraux, tout en leur laissant la responsabilité de l'action et surtout des résultats. La hiérarchie centrale donne peu de directives, mais exerce un contrôle serré des résultats, en blâmant les erreurs. Les services locaux ont donc la responsabilité de l'action et des résultats, mais pas de véritable autonomie sur les objectifs qui sont donc négociés et adaptés en excluant toute innovation, tout risque, pour satisfaire les indicateurs standardisés de l'évaluation. Le montant de l'enveloppe budgétaire, connue après la négociation des objectifs, ne prend pas en compte l'effort d'innovation, ce qui revient à privilégier les économies de moyens.

La procédure budgétaire renforce le pouvoir de certains acteurs. De ce point de vue, la mesure de la performance introduite par la LOLF focalise de nouveaux enjeux pour la gestion publique. La technicisation de la stratégie risque de se renforcer par une conception plus administrative que politique des indicateurs de performance (*cf.* chapitre IV). La nouvelle « zone d'incertitude » [Crozier et Friedberg, 1977] profite à la direction du budget et aux ministères dépensiers habiles à afficher des indicateurs satisfaisants.

La séparation de l'économie et des finances au Japon

La révolte fiscale des années 1990 contre la hausse de la taxe foncière au Japon [Jinno et Dewit, 1998] est un bon révélateur de la dynamique du pouvoir entre le ministère de l'Économie et le ministère des Finances. Le ministère des Finances propose d'instaurer un nouvel impôt sur les propriétés pour répondre à la demande de justice fiscale (en débat à l'époque), pour relancer l'économie par une baisse concomitante de l'impôt sur le revenu et pour stopper la spéculation foncière qui sévissait à la suite de l'effondrement des cours de la Bourse. Cette réforme s'inscrit aussi dans une stratégie de pouvoir à l'encontre du ministère de l'Économie. La réforme est un moyen pour le ministère des Finances d'étendre ses attributions au détriment de son rival. En effet, le ministère de l'Économie gère l'essentiel des impôts locaux, alors que le ministère des Finances, compétent en matière d'impôt foncier, ne gère jusqu'à la réforme qu'une taxe foncière au rendement faible. De plus, les recettes produites par la nouvelle taxe sur la spéculation foncière permettront de réduire les subventions versées aux collectivités locales, domaine qui relève de la compétence du ministère de l'Économie. Cette analyse institutionnaliste contredit l'idée d'un agent principal de l'école des choix publics pour s'intéresser aux stratégies de pouvoir des acteurs au sein de l'État. Elle montre aussi que ces stratégies utilisent des arguments cognitifs pour légitimer les propositions : par exemple, la justice fiscale est invoquée par le ministère des Finances pour justifier la réforme, puis par le ministère de l'Économie pour obtenir une révision de la réforme au regard de la hausse de la pression fiscale.

Le Parlement

Le pouvoir du Parlement en matière budgétaire varie fortement d'un pays à l'autre. L'OCDE retient l'indicateur des restrictions (en droit) au pouvoir de modifier le budget proposé par le gouvernement et constate que, en 2002, 41 % des pays disposent d'une forme de droit d'amendement, selon des modalités diverses.

Les finances publiques sont à l'origine du parlementarisme, en Grande-Bretagne ou en France avec la Restauration qui consacre les grandes règles du droit budgétaire après que la Révolution eut posé les principes du consentement parlementaire à l'impôt. Le Parlement apparaît donc comme un acteur légitime du système financier classique, selon des modalités réelles variables

Le pouvoir du Parlement en Grande-Bretagne

En Grande-Bretagne, il existe deux procédures distinctes pour les dépenses et les recettes. Les dépenses sont examinées dans le cadre d'une procédure en deux temps. D'abord, le vote des « estimations » est l'occasion pour le Parlement, à l'initiative de l'opposition, de débattre des politiques suivies. Ce débat est plus de nature politique que financière [Baranger, 2004] : les orientations des programmes seront parfois réorientées pour l'avenir, mais les dépenses prévues pour l'année sont toujours votées. Ensuite, la loi d'« appropriation », sans débat, formalise l'autorisation budgétaire de dépenser. Les recettes font l'objet d'une autre procédure aboutissant au vote de la loi de finances qui ne concerne donc que les recettes et les dispositions fiscales. Le fonctionnement institutionnel britannique montre (paradoxalement pour le berceau du parlementarisme) que le Parlement est un acteur peu impliqué dans le processus budgétaire qui est dominé par l'exécutif et, en son sein, par le Trésor qui a des prérogatives importantes, comme celles de présenter au Parlement les estimations de dépenses, de ventiler les crédits d'un poste à l'autre et d'exercer le contrôle interne de l'exécution des dépenses dans les ministères. Le *Select Committee of Public Accounts* est aussi un acteur significatif du contrôle des finances publiques. Il s'appuie sur les travaux de l'auditeur général qui est indépendant du gouvernement et assiste le Parlement.

d'un pays à l'autre. L'analyse juridique de son pouvoir budgétaire constate un déclin « répandu » [Orsoni, 2005, p. 124]. L'analyse quantitative évalue le montant des sommes qui sont modifiées par les parlementaires lors du vote du budget. L'analyse sociologique élargit ces approches en posant la question de la légitimité politique.

En France, avant la LOLF du 1er août 2001, l'essentiel du pouvoir financier sous la Ve République appartient au gouvernement (ordonnance du 2 janvier 1959). Néanmoins, le cumul des mandats facilite l'influence des parlementaires sur les finances locales, notamment pour bloquer la réforme radicale des impôts locaux pourtant archaïques et inégalitaires [Leroy, 2004]. De même, en réaction à la diminution de la place des impôts dans les budgets locaux (remplacés par des dotations de « compensation » de l'État), la révision constitutionnelle du 28 mars 2003, portant sur l'autonomie financière des collectivités territoriales, marque le poids des élus locaux au Parlement (*cf.* le nouvel article 72-2 de la Constitution dans l'encadré p. 35). L'interventionnisme de l'État [Orsoni, 1995] répond également aux préoccupations des parlementaires dont les rapports influencent les décisions financières [Camby, 2004]. Surtout, l'importante réforme de 2001 (LOLF) fait suite à un consensus parlementaire qui tente de repositionner le Parlement comme acteur décisif des finances publiques. Le cas américain est instructif car la culture budgétaire de l'efficacité de la dépense publique est ancienne et inspire souvent les autres pays. La présentation du budget aux États-Unis vise, comme la LOLF en France, l'évaluation de la performance des programmes publics. La comparaison montre que, par-delà l'interprétation du régime constitutionnel, la pratique du pouvoir budgétaire dépend sociologiquement de la légitimité de chaque acteur. Le triangle de fer américain (*cf.* chapitre I : une commission, un groupe de pression, un service administratif) laisse une place de choix au Congrès.

Le contrôle des chambres régionales des comptes (France)

La chambre régionale des comptes est investie depuis la décentralisation de 1982 de trois fonctions (pour un bilan juridique, *cf.* Orsoni et Pichon [2004]).

Le contrôle juridictionnel est la fonction traditionnelle du juge financier, magistrat indépendant, qui vérifie la régularité (en droit) des opérations du comptable public et rend des arrêts. Depuis le 5 janvier 1988, les comptes des petites collectivités lui échappent (apurement administratif par le trésorier payeur général). Ce contrôle est lourd à réaliser (10 000 comptes par an) ; la plupart des arrêts déchargent la responsabilité du comptable public, les irrégularités constatées portant sur des sommes faibles en pourcentage de la masse des finances locales. Le pouvoir du juge financier est contrecarré par les remises gracieuses accordées par le ministre des Finances. En outre, le mouvement général d'évaluation de la performance, en se décentrant du contrôle de régularité, risque d'affecter cette fonction.

Le pouvoir du Congrès
aux États-Unis

Zoller [2004] montre que le Congrès, par sa « légitimité fiscale » [p. 268], a tous les pouvoirs budgétaires. Il dispose depuis 1974 d'un office de calcul des dépenses et des recettes (Congressional Budget Office ou CBO). Pourtant, la loi du 5 novembre 1990 impose une compensation obligatoire de toute diminution des impôts ou d'augmentation des dépenses par rapport aux crédits prévus par l'exécutif pour les missions, dispositif prolongé jusqu'en 2008. La loi du 3 août 1993 sur la performance du gouvernement impose une évaluation de l'exécution des programmes. Le budget est actuellement un budget de performance avec vingt missions et des programmes évalués dès la préparation sur des indicateurs. La mesure de la performance du projet présidentiel de budget s'appuie sur les notations réalisées par le service (relié à l'exécutif) du budget (Office of Management and Budget).

Ainsi, l'accent mis sur la performance du projet de budget et l'obligation de compensation des modifications semblent limiter le pouvoir budgétaire du Congrès qui a, sauf à créer une crise politique, l'obligation de voter la résolution (loi du 12 juillet 1994) approuvant les grands agrégats et les plafonds des crédits des missions décidées par le président. Pourtant, la réalité du pouvoir reste dans les mains des sous-commissions de répartition des crédits du Congrès qui peuvent travailler sur les propositions parlementaires, élaborées à l'aide d'un organe indépendant (CBO). N'étant pas considérée comme une loi, la résolution budgétaire n'est pas soumise au droit de veto du président, elle ne fait pas obstacle aux décisions sectorielles des sous-commissions pour fixer le détail des dépenses par programme et pour modifier les dépenses selon une logique sectorielle qui coïncide mal avec les objectifs transversaux des missions. Les changements s'inspirent souvent de « considérations politiques, des groupes d'intérêts à satisfaire, ou des électeurs à contenter » [Zoller, 2004, p. 302].

Le contrôle budgétaire est une fonction originale qui remplace la tutelle du préfet supprimée par la décentralisation de 1982. Une procédure à trois acteurs est applicable si le budget est voté en retard, s'il est voté en déséquilibre (au-dessus du seuil de tolérance), s'il est exécuté en déséquilibre, si une dépense obligatoire manque. Le jeu stratégique de ces acteurs est globalement coopératif. Pour conserver sa crédibilité et éviter les réformes parlementaires [Oudin, 1998], la Chambre ne doit pas abuser de son pouvoir. Elle doit aussi faire face à la lourdeur de ses autres missions. Face à ces contraintes, elle agit souplement dans son plan de redressement pluriannuel : elle privilégie la réduction des dépenses ou la hausse des recettes non fiscales à la hausse des impôts qui est sensible pour les élus soucieux de la réaction des électeurs. La collectivité locale cherche à maintenir la maîtrise de son budget pour ne pas donner prise à l'opposition ou aux électeurs. Ses atouts viennent de la procédure, qui permet un dialogue entre la collectivité locale et l'organe de contrôle, et de la légitimité du mandat donné par l'élection pour gérer de façon autonome le budget. La stratégie est de garder la main sur le budget, en le justifiant et en négociant avec le préfet qui privilégie aussi la négociation politique. Le préfet concilie de la sorte sa responsabilité et le maintien de la relation avec les élus locaux, qui, par le jeu du cumul des mandats ou des amitiés politiques, dénoncent sur la scène nationale la reconstitution d'une tutelle déguisée. Le faible nombre de saisines par rapport aux cas constatés illustre la retenue avec laquelle le préfet use de ses prérogatives juridiques qui sont surtout des atouts de négociation.

Le jeu stratégique du contrôle budgétaire

Acteurs	Objectifs	Atouts	Contraintes	Stratégies
CRC	Proposer un redressement acceptable	Textes Indépendance Expertise	Garder sa crédibilité Élu politique Autres missions	Gestion souple pour éviter remise en cause
Collectivité locale	Décider du budget Éviter un scandale	Contradictoire Légitimité d'élu Scène nationale	Électeurs Opposition Textes	Garder la main et justifier son budget, négocier
Préfet	Régler le problème sans conflit avec la collectivité	Décision finale Saisine CRC	Poids de l'élu Responsabilité	Négociation politique

Le jeu stratégique de l'examen de gestion

Acteurs	Objectifs	Atouts	Contraintes	Stratégies
CRC	Pérenniser son action Trouver des anomalies	Publicité observations Médias Indépendance Expertise	Texte Crédibilité Autres missions Élu politique	Justifier son contrôle par le nombre et la nature des observations
Collectivité locale	Justifier sa gestion Éviter le scandale	Procédure contradictoire Pas de sanctions Légitimité politique	Conséquences politiques Publicité Médiatisation	Justifier sa gestion en expliquant, et contester les observations graves

L'examen de gestion met face à face la collectivité locale (l'exécutif) et la Chambre. Il porte sur la régularité des actes de gestion, l'économie des moyens et l'évaluation des résultats. Il donne lieu, non pas à des sanctions, mais à des observations formulées au terme d'une procédure contradictoire incluant les réponses de la collectivité. Ce contrôle est le plus critiqué par les élus locaux qui dénoncent la mise en cause de leur légitimité politique (élections) et de l'autonomie locale. Ils craignent les conséquences politiques des observations qui sont publiques (loi du 15 janvier 1990) et communiquées aux assemblées délibérantes : l'opposition, les médias, le public peuvent donc les utiliser. Cette contrainte de la collectivité locale est un atout de la Chambre dont le pouvoir est justifié par cette forme de transparence démocratique. La procédure contradictoire (notamment la publication des réponses des élus) est un atout pour la collectivité qui de toute façon n'encourt aucune sanction.

Le pouvoir a un contenu particulier pour chaque fonction. Dans le contrôle juridictionnel, le pouvoir traditionnel du juge financier risque d'évoluer à la baisse, si son action est recentrée sur le contrôle de la performance. Dans le contrôle budgétaire, la régulation politique qui était figurée, avant la décentralisation de 1982, par l'image du « préfet et ses notables » [Worms, 1966] reste en partie pertinente pour décrire la négociation. Dans l'examen de gestion, la régulation juridique (par les réformes) structure les relations de pouvoir entre les élus locaux et la Chambre, alors que la régulation politique met en jeu la publicité des observations pour l'opposition et le citoyen. Ces résultats conduisent à formuler un modèle sociologique de la régulation financière.

III / La régulation financière de l'action publique

La régulation se définit comme une mise en compatibilité des enjeux et des priorités des acteurs et comme une dérivation des principes formels vers des règles opératoires d'action publique. La diversité des usages analytiques de la régulation en complique la définition. La régulation est un paradigme majeur des sciences sociales situé entre droit et politique [Miaille, 1995]. L'idée de base, inspirée de la théorie des systèmes, est de chercher quelles sont les règles qui assurent le fonctionnement du système (l'équilibre). La sociologie des finances publiques met en évidence la centralité de la régulation financière de l'action publique analysée ici dans les cas des régions, du contrat de plan et de l'Europe, sachant que le modèle est général (pour une application à la politique culturelle, *cf.* Leroy [2007]).

Sociologie des procédures régionales de financement

La lecture financière est centrale pour comprendre les logiques de pouvoir et de légitimation de l'action régionale. Échelon d'accompagnement des politiques de l'État dans les années 1980, la Région utilise désormais ses finances pour promouvoir ses propres politiques et affirmer son rôle central. Par rapport à la méthode, le caractère innovateur de l'approche globale, transversale des problèmes publics est interrogé ; par rapport au contenu, les objectifs volontaristes affichés par la Région pour asseoir son rôle institutionnel sont testés. Mais cette revendication récurrente d'une centralité politique et institutionnelle se heurte, sur le terrain des cofinancements, à la gestion concrète des compétences juridiques par les autres acteurs publics. Les modes de régulation financière des politiques régionales dessinent une figure institutionnelle qu'il convient de saisir dans ses variations et ses limites. Le cas de la Région Rhône-Alpes [Leroy, 2001] est utilisé comme terrain d'une sociologie financière de l'action publique régionale à partir de trois politiques.

La formation continue

Le budget de la formation est l'un des plus importants de la Région Rhône-Alpes. Il concrétise, sur la plupart des lignes budgétaires, une politique volontariste de la Région en faveur des publics qui relèvent de ses compétences juridiques. Les différents postes se complètent assez bien pour répondre aux besoins d'insertion et de formation des jeunes, des demandeurs d'emploi et des salariés. Un comité cible les besoins de formation, facilite l'instruction des dossiers et veille à la territorialisation de la politique régionale de formation dans les trente zones emploi-formation pilotées par des animateurs de la région.

La lecture sociologique de ces lignes budgétaires retient les objectifs, la procédure et le partenariat. On distingue alors un groupe de trois lignes budgétaires pour la promotion, les formations, les jeunes, mobilisant en 2000 71 % du budget formation continue. Ces lignes marquent le volontarisme de la Région pour définir de manière autonome sa politique de formation. Ainsi, la procédure de l'appel à projets est utilisée pour déterminer les actions à soutenir financièrement. Au préalable, un diagnostic des besoins de formation est réalisé, établi conjointement avec l'État. La Région n'est pas dépendante de l'offre de formation. Elle exerce une véritable sélection des organismes à conventionner financièrement (rejet de 44 % à 60 % des demandes en 1999). Les publics visés sont ciblés (salariés, demandeurs d'emploi bénéficiant d'allocations et jeunes en insertion). La Région dégage des règles précises pour le financement des stagiaires et refuse les cofinancements sur un même stagiaire, pour favoriser une imputabilité politique claire : le coût total de la formation est indiqué au stagiaire qui participe financièrement à hauteur de 20 %.

Pour les autres lignes budgétaires, soit 29 % du budget, la lecture financière de l'action publique est moins favorable à l'autonomie de l'institution régionale. L'appel à projets, qui permet un vrai choix, n'existe pas, la procédure plus étroite du cahier des charges étant utilisée. La Région négocie avec des partenaires qui sont en mesure de structurer l'offre de formation. Par exemple, pour la ligne « accompagnement à l'emploi », une part importante des crédits est prévue pour la contractualisation avec des organismes de formation qui imposent leurs choix. La Région maîtrise mal les cofinancements ; elle ne dispose pas d'information synthétique sur le partenariat (le plan de financement est indicatif, il ne donne pas les dépenses réelles de chaque cofinanceur). Si l'opération appartient à un programme plus vaste, aucune information n'est collectée en dehors du volet formation. Comme en matière de suivi du contrat de plan, le suivi pour la Région est sectoriel (contenu de la formation, caractéristiques des publics, heures stagiaires…) et se centre sur la valorisation de l'engagement de la Région, sur sa logique interne de gestion. Sur la ligne « objectif profession », la Région se trouve en position dépendante par rapport à l'État : ses subventions abondent les crédits de l'État qui décide, même si elle évite la logique de guichet, en rejetant les dossiers extérieurs à ses critères de professionnalisation. Cette carence de l'information financière se retrouve dans le domaine des politiques territoriales.

Les politiques territoriales

La Région revendique un rôle innovateur dans l'aménagement du territoire qu'il est intéressant de tester sur le terrain financier. Ce domaine a vocation, par son style de politiques publiques, à mettre en œuvre un traitement global et transversal des problèmes et, institutionnellement, à légitimer la position centrale de la Région. Ainsi, selon la présentation de la présidente de la Région Rhône-Alpes du budget de 1999 : « Nos efforts de créativité et d'innovation [...] seront organisés et pilotés au moyen de procédures nouvelles que nous avons identifiées sous l'appellation d'initiatives transversales concertées [...]. L'objectif recherché est bien [...] de permettre une approche globale et transversale des problèmes qui sont posés à notre société. » L'idée est de décloisonner les services et de développer la concertation avec les partenaires externes.

Pourtant, la logique financière de la Région, de nature essentiellement sectorielle, contredit cette thèse d'un nouveau mode d'action publique global et transversal. Le budget des actions transversales représente seulement 2 % du budget régional. La politique régionale d'aménagement du territoire mobilise surtout des crédits ordinaires des directions gestionnaires. Par exemple, pour les « contrats globaux de développement », les crédits transversaux (1999) s'élèvent à 36 % des crédits de ces contrats, le reste provenant des lignes ordinaires, sectorielles du budget. Les critères d'attribution des crédits dépendent des logiques gestionnaires des bureaux compétents dans chaque secteur et remettent en cause la cohérence globale du projet territorial transversal.

L'action publique territoriale dépend aussi de la cohérence du partenariat financier. L'absence de suivi financier des autres partenaires (État, communes, départements) est symptomatique des limites du cofinancement. Le cloisonnement des procédures financières des différents partenaires ne disparaît pas totalement. Pour la politique de mise en réseau des villes, le partenariat des « contrats de fonction majeure » est plutôt un succès : complémentarité des domaines prioritaires de l'économie et de la culture, négociation transparente et multilatérale des protocoles annuels (Région et huit grandes villes) ; mais d'autres partenaires interviennent sans être signataires de la convention, notamment l'État. Des cofinanceurs viennent abonder la politique territoriale définie par le club stratégiquement fermé de la Région et des villes.

La Région doit gérer la contradiction entre sa volonté d'orienter l'organisation territoriale en s'affirmant comme « chef de file » et la nécessité de laisser l'initiative locale élaborer ses projets de développement. Cette contradiction conduit la

Région à jouer un rôle régulateur de l'aménagement du territoire par la régulation financière. Rhône-Alpes propose ainsi un système de subvention-incitation. Les critères de financement des contrats globaux de développement, en se référant à la population (crédit/habitant), tiennent peu compte de la qualité du projet de développement et du caractère prioritaire des zones concernées. Pour la mise en réseau des villes, la Région, sous la pression des villes partenaires, finance en partie des équipements opportunistes, alors qu'elle considère que c'est une déviation de la logique de projet ; mais elle instaure un garde-fou en fixant un plafond (équipement limité à 25 % de la subvention).

La régulation financière structure donc la négociation de l'action publique territorialisée ; elle concrétise, malgré les limites relevées, un mode d'action innovant par son caractère global et transversal. Ainsi, les contrats globaux de développement dans les dix-huit premiers contrats mobilisent onze secteurs, même si le tourisme, l'urbanisme et l'économie sont les plus subventionnés par la Région. Un maillage du territoire régional par l'intercommunalité et les pays en milieu rural et par le réseau des villes en milieu urbain est réalisé. L'institution régionale, comme centre régulateur de l'aménagement du territoire, se dessine dans la lecture financière qui est appliquée aussi aux transports ferroviaires.

L'expérimentation des transports ferroviaires

Rhône-Alpes fait partie des régions retenues pour expérimenter de 1997 à 2000 la régionalisation des transports ferroviaires inspirée du rapport Haënel [1994]. Le cadre juridique est le suivant : le Comité interministériel de l'aménagement du territoire (Ciat) de Troyes (septembre 1994) incite les Régions à définir avec les autorités concernées des schémas régionaux des transports ; l'article 67 de la loi du 4 février 1995 autorise l'État à déléguer cette compétence ; l'article 15 de la loi du 13 février 1997, portant création de « Réseau ferré de France (RFF) », prévoit que chaque Région expérimentatrice est « autorité organisatrice des services régionaux de voyageurs » ; une convention cadre entre l'État et les Régions et une convention entre chaque

Région et la SNCF sont signées, notamment sur les conditions financières. La compensation par l'État du transfert de compétence à la Région et une marge commerciale pour la SNCF sont ainsi prévues.

L'effort financier de l'État traduit bien sa volonté de réussir le transfert de compétences vers les Régions (145 millions d'euros pour Rhône-Alpes en 1998). En 1998, la dotation de l'État aux six régions expérimentales est supérieure à celle versée à la SNCF pour les autres régions. Le dispositif financier mis en place est à la hauteur des enjeux et confère à la Région une véritable responsabilité dans la définition de l'offre ferroviaire, tout en ouvrant à la SNCF des opportunités commerciales.

La Région Rhône-Alpes s'est saisie de sa compétence d'autorité organisatrice pour déterminer la politique de transports avec pour objectifs l'amélioration des services, l'investissement dans les matériels, l'articulation avec les autres modes de transport (multimodalité). En comparant la subvention de la SNCF par la Région et celle de la Région par l'État, on conclut à l'absence de transfert de charges de l'État vers la Région. Le partenariat fonctionne bien avec un effectif important et en concertation avec les maires et les conseillers généraux. Le calcul de la subvention régionale inclut un système de bonus/malus en fonction de la qualité du service réalisé par l'opérateur (en 1998, la SNCF a versé 19 millions de pénalités à la Région). Ce système d'incitations à la qualité, économiquement efficace [Crozet et Héroin, 1999], a été adopté par cinq des six régions expérimentales. Le dispositif de la régionalisation des transports est donc lourd à gérer mais donne des résultats satisfaisants : l'offre ferroviaire s'améliore, le matériel se renouvelle et la multimodalité progresse pour inverser l'ancien primat de la route sur le rail.

La Région se situe dans ce domaine dans un rôle institutionnel fort, semblable à celui de l'État d'avant la décentralisation. Pour cette politique publique, elle agit comme un véritable gouvernement régional, en s'appuyant sur ses finances. La lecture financière de l'action publique régionale teste la réalité des innovations dans la gestion publique et suit les configurations du mode de conduite institutionnel et politique de la Région. L'approche globale, transversale, territorialisée et partenariale des problèmes publics, officiellement revendiquée par la Région, est relativisée par le refus du cofinancement dans certains secteurs, le cloisonnement sectoriel des procédures financières, les carences du suivi financier des partenaires. En s'appuyant sur ses compétences juridiques, la Région mène une politique volontariste qui vise à améliorer sa centralité dans le système des relations intergouvernementales. Le fonctionnement concret des règles financières, par exemple le système de la subvention-incitation ou de la dotation contraignante, montre toutefois que la Région n'est pas toujours maître du jeu, par rapport à l'État dont l'effacement est surestimé et par rapport aux autres collectivités locales. L'étude du processus de financement dévoile les logiques de pouvoir et de légitimation de la Région qui varient d'un secteur à l'autre. Le volontarisme régional, et parfois son autorité, met en cause la figure traditionnelle de la Région conçue comme un échelon d'accompagnement des politiques de l'État ; il tend à promouvoir une figure institutionnelle de la régulation que l'on retrouve dans le cas du contrat de plan.

La régulation financière de l'action publique conventionnelle

L'analyse de l'action publique conventionnelle permet d'élaborer un modèle général de la régulation financière. Le contrat de plan État-Région [Leroy, 2000, 2006] est un cadre emblématique de financement pluriannuel à des fins d'aménagement et de développement du territoire instauré par la loi du 29 juillet 1982 portant réforme de la planification. Il sert aussi de contrepartie nationale aux fonds européens. Quatre générations contractuelles (1984-1988, 1989-1993, 1994-1999, 2000-2006) se sont succédé. Le contrat de plan (devenu contrat de projet) a survécu à la disparition du plan national, aux transferts de compétence de l'acte II de la décentralisation et à la réorientation des fonds européens vers les nouveaux États membres de l'Europe élargie. Le contrat de plan est souvent présenté comme un mode de gestion exemplaire de l'action publique devenue globale, transversale, partenariale et territorialisée, en contrepoint de la perte de centralité de l'État dans le contexte multipolaire de la décentralisation et de la construction européenne. À l'inverse, des critiques récurrentes dénoncent l'étatisation de la procédure, le saupoudrage des crédits, le manque de sélectivité, les défauts du suivi/évaluation.

La logique de référence du contrat de plan

Empiriquement [Leroy, 1999], l'existence d'un « référentiel » [Jobert et Muller, 1987] de la contractualisation est attestée. La logique de référence du contrat de plan rompt avec le référentiel ancien de la planification par le haut en introduisant (loi du 29 juillet 1982) la contractualisation de la planification territoriale entre l'État et la Région pour répondre aux modifications institutionnelles (décentralisation acte I) et économiques (déclin du plan depuis la crise des années 1970). Une méthode et une finalité sous-tendent le contrat de plan : à des fins de développement du territoire, l'État et la Région, en s'appuyant sur la concertation et la prospective, élaborent leurs documents de planification dans lesquels sont sélectionnées les priorités pluriannuelles communes à financer dans le contrat de plan. Ce mode cognitif d'élaboration justifie l'idée d'une mise en cohérence légitime des enjeux et priorités des partenaires compétents sur le territoire régional.

La logique de base combine les trois principes formels de contractualisation, de planification et de territorialisation. Le principe de contractualisation implique l'égalité politique des parties au contrat (consensualisme) : il suppose la sélection par l'État et la Région (chacun élaborant son document de planification) des priorités communes à financer. Le principe de planification reprend l'idée ancienne d'une programmation pluriannuelle d'actions définies par la prospective et la concertation. Le principe de territorialisation synthétise, dans une version renouvelée et consensuelle, les fonctions d'aménagement du territoire, apanage de l'État depuis les années 1960, et de développement local (devenu « durable »).

La représentation de base se veut rationnellement convaincante : les conflits d'intérêts et les contradictions de stratégies sont niés ou trouvent une solution négociée puisque l'accord des deux parties est prévu ; les compromis réalisés portent sur des priorités pertinentes pour le territoire régional, sélectionnées « scientifiquement » par la prospective et « démocratiquement » par la concertation ; les engagements financiers ne sont pas problématiques puisqu'ils s'ajustent aux priorités sélectionnées. La sélectivité des priorités est donc valorisée dans le cadre d'une conception harmonieuse du territoire. Dans cette perspective cognitive [Boudon, 1989], le référentiel contractuel constitue une représentation légitime de l'action publique que l'État déforme pour tenter de contraindre la négociation.

L'État régulateur de l'aménagement du territoire

La stratégie de l'État en région est rédigée par le préfet, tandis qu'est posé le principe d'une péréquation des crédits de l'État en fonction de la richesse des régions. Elle établit un diagnostic des priorités en région qui, à ce stade, ne sont pas chiffrées. De taille réduite, la stratégie de l'État est plutôt de bonne qualité prospective, même si les dimensions européenne et interrégionale restent plutôt négligées (sauf pour les programmes des massifs ou des bassins). La concertation avec les collectivités locales reste à améliorer (circulaire du 23 mars 2006 adressée aux préfets de région). Le lien avec le plan national n'est plus assuré depuis le XIe Plan (préparé, mais non mis en œuvre), ce qui est contraire à la loi du 29 juillet 1982 qui institue le contrat de plan.

Un plan d'action financier est supposé traduire les priorités de la stratégie de l'État en région. En réalité, le lien entre les deux documents est biaisé par les orientations financières des ministères. En se réclamant de son rôle dans l'aménagement du territoire, l'État régulateur fixe au préalable, dans le mandat de négociation des préfets de région, le montant de ses crédits sur des priorités qu'il présente comme non négociables. Les programmes d'infrastructures routières et d'enseignement supérieur, de la compétence de l'État, sont traditionnellement

Les règles sociologiques de la négociation du contrat de plan

La régulation référentielle se compose des normes de sélectivité et de péréquation.

La *norme de sélectivité des projets contractuels* comporte cinq règles. La règle du noyau dur ou de la première enveloppe (règle R1) consiste pour l'État à annoncer ses priorités non négociables. Cette règle est contestée par les Régions et les autres collectivités au nom de la décentralisation qui légitime leur liberté de stratégie du développement territorial. Des parades contournent le noyau dur de l'État : action pour la hausse de l'enveloppe initiale de l'État dans chaque région, affichages financiers, affirmation de priorités non négociables de la Région, inscription d'actions peu prioritaires dans le noyau dur (les autres sont financées à coup sûr), etc. Les projets négociés dans le contrat de plan sont parfois objectivement utiles au développement du territoire (règle R2), mais ce cercle vertueux de l'instrumentalisation contractuelle d'une stratégie territoriale ne doit pas être généralisé. La règle de l'intérêt local (R3) joue pour obtenir des réalisations utiles aux fiefs locaux des élus (contournement routier), sans préjuger de leur valeur pour le développement territorial. L'intérêt local consiste aussi à satisfaire les revendications des groupes politiques utiles à la majorité (environnement pour les écologistes). L'intérêt national (règle R4) désigne des projets portés par l'État, pour les routes nationales, l'enseignement supérieur, l'action sociale (humanisation des hospices)... D'autres projets sont issus de compromis négociés (R5) entre les ministères, le préfet de région, la Région. Pour l'enseignement supérieur, la Région amène l'État à cofinancer ses priorités (vie des étudiants, bibliothèques, filières nouvelles...) en échange de sa participation aux actions traditionnelles de rénovation des bâtiments ou de gestion courante. Dans le cas de la politique de la ville, un préfet de région peut limiter la participation de la Région en sollicitant tous les ministères. Un programme hors contrat de plan peut être négocié...

La *norme de péréquation* relève aussi de la régulation référentielle à partir des règles de modulation de l'enveloppe de l'État : critères de richesse (règle R6), classement en groupes de régions riches, normales, pauvres (R7), mode de calcul global ou par habitant (R8). Si le principe de péréquation est considéré comme légitime, les modalités de calcul sont contestées dans le but d'obtenir des rallonges financières.

La régulation financière combine les trois normes du cofinancement, de l'engagement financier et de la préservation des crédits.

La *norme de cofinancement* inclut les fonds européens et la valorisation des capacités contributives. L'État maîtrise la programmation des fonds structurels (R9) et les utilise parfois au détriment du principe d'additionnalité en les soustrayant de sa part, selon une cohérence incertaine entre la stratégie territoriale des contrats et la politique régionale communautaire. La règle des capacités contributives (R10), selon laquelle l'État inscrit dans le contrat les actions que ses partenaires acceptent de financer, favorise les plus riches : elle engendre des cofinancements contraires à la conception de rattrapage de l'aménagement du territoire voulue par la péréquation. Par exemple, la priorité est donnée à une route dans le département le plus riche d'une région ; à l'inverse, une région à faible capacité financière n'obtient pas de l'État le financement de ses programmes territoriaux. L'examen des dotations totales de l'État par région vérifie cette règle, les régions riches étant bien dotées, malgré, pour 2000-2006, le rattrapage financier réalisé en faveur des régions plus pauvres.

La *norme de l'engagement financier* comprend les règles de l'enveloppe significative, de l'affichage de crédits, des rallonges financières de l'État, des contraintes budgétaires et du passé, du saupoudrage. Avant de choisir des priorités, les Régions et l'État veulent montrer que la dotation au contrat de plan est importante (R11) et qu'elle suscite un effet de levier par les cofinancements. À chaque génération contractuelle, le montant des enveloppes est ainsi en hausse. Néanmoins, la pratique de l'affichage financier (R12) contredit l'idée d'enveloppe significative : les cas d'Université 2000 et de la politique de la ville, intégrés dans les contrats 1994-1999, sont exemplaires puisque ces actions étaient déjà acquises hors contrat de plan. En réponse à cet affichage, les Régions ont intégré l'enseignement supérieur professionnalisé, des actions d'environnement, etc. auparavant financées comme politiques non contractuelles. Ensuite, les rallonges financières (R13) concrétisent le succès de la contestation par les Régions de l'enveloppe initiale de l'État et des modalités de la péréquation (critique des effets de seuil liés au classement par groupes de régions, de l'exclusion des

avenants...). La règle (R14) des contraintes financières classiques limite la marge de manœuvre de la Région, qui doit aussi financer ses propres politiques, et de l'État, qui doit respecter les critères européens de maîtrise du déficit. Il faut aussi continuer les programmes commencés (les routes, les équipements...) lors des contrats de plan précédents, ce qui est un facteur d'inertie budgétaire (*cf.* chapitre II). La pratique du saupoudrage (R15) contredit la légitimité de la sélectivité des projets de développement du territoire dans un contrat d'objectifs. Même sans contrepartie du partenaire, des actions sont inscrites au contrat, si bien que le contrat de plan est aussi un catalogue des compétences de l'État et de la Région.

La *norme de préservation des crédits* renvoie à deux règles : celle consistant pour certains ministères ou certains services régionaux à contractualiser le plus possible (R16), ce qui viole la norme de sélectivité territoriale ; celle programmant les actions les moins prioritaires (R17), par exemple dans le domaine rural ou de la ville. Bien sûr, les secteurs majeurs des routes et de l'enseignement supérieur, fortement sollicités, échappent à cette forme perverse de régulation financière qui infirme le déterminisme de la crise des finances publiques. Pour l'exécution des contrats 2000-2006, cette tactique de négociation semble toutefois contredite par le retard, plus ou moins fort selon les secteurs, pris par l'État (67 % de taux d'engagement des crédits en 2005 au lieu de 86 %), même si un comité interministériel de mars 2006 prévoit un rattrapage, confirmant que les crédits contractualisés sont assurés à terme.

concernés. Pour la génération 1994-1999, le « noyau dur » annoncé représentait 75 % de l'enveloppe de départ de l'État ; pour la génération 2000-2006, la « première enveloppe » annoncée par l'État couvrait 90 % de la dotation de départ. Pour la génération 2007-2013, l'État annonce un « resserrement sur un nombre limité » de priorités et le fait que les routes seront traitées en dehors des contrats de plan, dans le cadre de « contrats spécifiques » (Comité interministériel d'aménagement et de compétitivité des territoires du 6 mars 2006). La péréquation des crédits de l'État est fixée pour chaque région en fonction des trois critères économiques du potentiel fiscal, du taux de chômage et de la variation de l'emploi.

La logique de référence du contrat de plan est modifiée au sens d'une « crise » politique [Dobry, 1992]. Les relations surdéterminantes entre les priorités à financer et les logiques sectorielles des ministères fixent ces prétentions de l'État régulateur, tout en posant la question du transfert de charges vers les collectivités territoriales. Toutefois, les Régions et les élus locaux, parfois avec l'aide du préfet, résistent à la manipulation du cadre de référence par l'État. Leur capacité institutionnelle, politique et technique permet alors une véritable négociation. Toutes les Régions obtiennent des rallonges financières et marchandent pied à pied les actions à financer. De même, le volet territorial de la génération 2000-2006, pourtant à l'initiative de l'État, est influencé par les conceptions et les programmes de développement territorial menés par les Régions. Cette analyse de l'État régulateur est souvent mal comprise par certains analystes, sans doute influencés par la mise en scène politique de la négociation, qui majorent l'étatisation de la procédure et négligent le processus réel de régulation financière qui touche même le noyau dur des compétences de l'État.

La négociation contractuelle

Le modèle de l'action publique par la régulation financière émerge empiriquement de l'étude de la négociation contractuelle. La régulation financière, peu visible, est déterminante pour la négociation contractuelle et comprend les trois normes de cofinancement, d'engagement financier et de préservation des crédits. Ces normes regroupent des règles précises qui se croisent avec la régulation référentielle pour déterminer la négociation. La régulation référentielle découle des normes de sélectivité à la base de la logique du contrat de plan et de péréquation de l'État garant de l'équilibre régional des activités.

Ce modèle sociologique de la régulation financière de la négociation contractuelle recoupe la théorie de l'institutionnalisation de l'action collective [Duran et Thoenig, 1996] qui insiste sur la mise en visibilité de la négociation. Notre modèle traduit aussi la fin du modèle de la régulation croisée [Crozier et Thoenig, 1975] du système politico-administratif local qui était valable jusqu'à la décentralisation de 1982. Cependant, la régulation n'est pas seulement procédurière, comme dans le modèle de l'institutionnalisation, puisqu'il s'agit bien de financer des actions définies de développement territorial. La régulation financière n'est habituellement pas théorisée, alors qu'elle constitue un processus central de l'action publique, ici pour la Région qui s'affirme face à l'État, mais aussi au niveau européen.

L'Europe des marchandages financiers

La politique régionale est financée par les fonds structurels pour aider au développement des régions de l'Union européenne (UE). Elle cristallise les contradictions de la construction européenne dans le cadre de l'élargissement de l'Europe à des pays où les régions pauvres sont nombreuses. Les marchandages budgétaires des États caractérisent cette régulation financière qui prévaut sur la mise en œuvre d'un référentiel politique et territorial ambitieux à la fois sur le plan social et sur le plan économique. L'Europe se débat ainsi entre le pacte de stabilité qui limite les dépenses, la concurrence fiscale et la crainte des réactions électorales qui limite les recettes, l'échec de la stratégie de plein emploi définie par le sommet de Lisbonne (mars 2000). L'image d'une Europe de la rigueur et des égoïsmes nationaux ou corporatistes se répand, la politique régionale servant de variable d'ajustement du budget communautaire.

Le régime des fonds structurels

La politique régionale de l'Europe mobilise les fonds structurels avec 235 milliards d'euros pour quinze pays sur 2000-2006 (un tiers du budget communautaire, 0,32 % du PIB communautaire) et 307,7 milliards sur 2007-2013 pour vingt-cinq pays. En comparaison, la politique agricole commune (Pac) conserve un fort poids budgétaire (45 % du budget en 2006). Le Fonds européen de développement régional (Feder) pour la cohésion économique et sociale vise à corriger les déséquilibres par le soutien au développement et à la reconversion des régions. Le Fonds européen d'orientation et de garantie agricole (Feoga) est un outil financier du développement rural (deuxième axe de la Pac), avec une section garantie et une section orientation qui constitue seule un fonds structurel. Pour 2007-2013 est créé le Fonds européen agricole de développement rural (Feader) qui mobilise 89 milliards d'euros pour toute l'Europe. Le Feader sera la seule source de financement du développement rural, sachant que la Pac est financée par le Fonds européen agricole de garantie ou Feaga. Le Fonds social européen (FSE) se rapporte à la formation professionnelle et à la création d'emplois durables. Le Fonds européen pour la pêche (Fep), doté de 4 963 millions d'euros, remplace l'Instrument financier d'orientation de la pêche (Ifop). Des instruments financiers de préadhésion ont aidé à l'élargissement de l'Europe.

Depuis 1988, les fonds structurels sont gérés selon les principes de la concentration sur les publics ou territoires fragiles, de la programmation pluriannuelle négociée avec la commission, du partenariat (commission, États, autorités régionales et/ou locales), de l'additionnalité (les fonds complètent les financements nationaux).

Pour 2007-2013, l'objectif « convergence » (ex-objectif 1) relatif au développement et à l'ajustement structurel des États ou des régions en retard concentre 82 % des crédits (au lieu de 66 % sur 2000-2006). Tous les fonds structurels et un fonds de cohésion sont mobilisés sur l'objectif « convergence ». L'objectif « compétitivité régionale et emploi » couvre une gamme étendue d'actions, avec la priorité traditionnelle à la lutte contre le

Les objectifs de la politique régionale de l'Europe

	Période 2000-2006	Période 2007-2013
Objectif (Ob)	Ob1 : État ou régions en retard[1] Ob2 : reconversion régions en difficulté Ob3 : éducation formation emploi	Ob « convergence » (ex-Ob1) Ob « compétitivité régionale et emploi » (ex-Ob2 + Ob3) Ob « coopération européenne »[2]
Montant total Europe	235 milliards euros pour Europe des quinze = 1/3 budget communautaire	307,7 milliards pour l'Europe élargie 251,3 milliards : Ob « convergence » 48,9 milliards : Ob « compétitivité » 7,5 milliards : Ob « coopération »
Fonds	Feder : Ob1, Ob2 Feoga orientation : Ob1 FSE : Ob1, Ob2, Ob3 Ifop : Ob1[3]	Feder : Ob « convergence », Ob « compétitivité », Ob « coopération » Feader : Ob « convergence », Ob « compétitivité » FSE : Ob « convergence », Ob « compétitivité »[3] Fep : Ob « convergence »
Montant France	16 milliards d'euros	12,687 milliards dont : 2,838 pour Ob « convergence », 9,1 pour « compétitivité », 0,749 pour la « coopération »
Autorité de gestion	État central pour l'objectif 3 (min. du Travail) et une partie de l'objectif 2 (Datar) État déconcentré : préfet de région pour Ob1, une partie de Ob2, certains PIC[4] Région pour certains Interreg, Alsace (Ob2) Communes et groupements pour certains PIC	L'État central pour le FSE national (20 % ministère de l'Emploi), pour le Feader (ministère de l'Agriculture) L'État déconcentré (préfet de région) pour le Feder, le FSE déconcentré (80 %) et l'Outre-mer
Cadre	Document unique de programmation ou Docup national pour objectif 3, Docup préfet de région pour objectifs 1 et 2	Cadre de référence stratégique national (CRSN) pour Feder et FSE Plan stratégique national pour le Feader

	Période 2000-2006	**Période 2007-2013**
À noter	Zonage. La France est le principal bénéficiaire de l'objectif 2 (sur 19 millions d'habitants)	Plus de zonage. L'objectif « convergence » a un rôle essentiel pour les nouveaux États

1. États dont le RNB/hab < 90 % de la moyenne communautaire ou régions dont le PIB/hab < 75 % de la moyenne. Quatre DOM français en bénéficient.
2. Cet objectif reprend les trois volets du programme Interreg III (coopération transfrontalière, transnationale, interrégionale).
3. À ces fonds « structurels » s'ajoutent le fonds de cohésion (dont le montant est de 18 milliards pour 2000-2006, pour l'environnement), les transports et les études préalables.
4. PIC ou programmes d'initiative communautaire en vigueur pour 2000-2006.

chômage, mais aussi le soutien à l'innovation. L'objectif « coopération territoriale européenne » reprend, en les consacrant, les volets du programme d'initiative communautaire Interreg III.

En France, 12,687 milliards de fonds structurels sont programmés sur la période 2007-2013, dont 2,838 pour la « convergence », 9,1 pour la « compétitivité », 0,749 pour la « coopération ». Par rapport à 2000-2006, le financement de la politique régionale baisse de 25 %. Le contrat de plan État-Région sert de programmation des contreparties des partenaires aux fonds européens, ce qui constitue, comparativement aux autres États membres, une application originale du principe d'additionnalité.

Le Cadre de référence stratégique national sert désormais de document de définition, en concertation avec les collectivités locales, des priorités pour 2007-2013 (au lieu du Document unique de programmation) ; un Plan stratégique national est élaboré pour le développement rural. Ces documents sont approuvés par la Commission européenne. Ces données sont à relier au cadrage financier de l'élargissement qui conditionne les fonds structurels.

Les petits calculs des gouvernements

Chaque élargissement s'accompagne de compensations budgétaires [Baché, 2002] et de marchandages particuliers. Le

Évolution de l'enveloppe régionale Feder/FSE
(en millions d'euros)

Région	2000-2006	2007-2013
Alsace	242,58	177,93
Aquitaine	659,36	507,30
Auvergne	387,46	260,37
Basse-Normandie	368,41	244,03
Bourgogne	356,05	250,29
Bretagne	618,44	430,35
Centre	345,29	297,12
Champagne-Ardenne	300,99	238,60
Corse	167,63	148,68
Franche-Comté	283,57	187,47
Haute-Normandie	486,81	319,89
Île-de-France	757,96	601,95
Languedoc-Roussillon	461,24	382,25
Limousin	188,25	153,73
Lorraine	528,33	403,45
Midi-Pyrénées	615,82	511,37
Nord-Pas-de-Calais	1 335,82	926,61
PACA	591,45	520,82
Pays-de-la-Loire	647,93	450,21
Picardie	416,38	291,91
Poitou-Charentes	416,56	281,09
Rhône-Alpes	835,47	615,58
Total régional	11 011,78	8 201 *
Outre-mer	2,88 milliards d'euros	2,83 milliards d'euros

* À ce chiffre s'ajoutent 200 pour des programmes interrégionaux (massifs et des bassins hydrographiques) et 700 pour le programme national FSE, soit un total de 9,1 milliards.

Source : Délégation interministérielle à l'aménagement du territoire et à la compétitivité des territoires.

rabais britannique instauré en 1984 au sommet de Fontainebleau prévoit ainsi de rembourser à la Grande-Bretagne les deux tiers de son déficit avec l'UE (4 milliards d'euros par an de 1997 à 2001). Ici, la France et l'Italie protestent contre leur position de principaux contributeurs de ce rabais qui est aussi payé par les nouveaux États. Comme les autres pays, la France plaide pour ses intérêts catégoriels : baisse de la TVA sur la restauration, les exonérations pour les zones fragiles, les aides pour la Corse et surtout l'avenir de la PAC et la limitation du budget global communautaire.

Dans la mise en œuvre, la focalisation sur la consommation des crédits [Sénat, 2003, p. 15 ; Cour des comptes européenne, 2003, p. 42] illustre aussi cette régulation financière du développement régional par la logique de guichet. De même, les cofinancements mobilisés en contrepartie des fonds européens dépendent souvent de la capacité contributive des régions au lieu de se concentrer sur les régions pauvres et sur la qualité des projets [Pereira, 1998 ; Fayolle et Lecuyer, 2000, p. 179 ; Leroy, 2004].

La négociation de l'élargissement n'a pas repris la demande initiale des pays candidats (58 milliards d'euros) et a exigé la cotisation pleine des nouveaux États membres, tout en échelonnant le bénéfice des subventions de la politique agricole commune : le Conseil européen de Copenhague de 2002 fixe le coût de l'élargissement à 42,59 milliards d'euros pour les dix pays (alors que le Conseil de Berlin de 1999 avait prévu cette somme pour six pays). Les partisans d'une orthodoxie budgétaire visant à limiter les coûts de l'adhésion l'ont emporté sur les partisans d'une rallonge financière aux pays candidats. En pratique, l'élargissement a coûté entre 2004 et 2006 aux quinze pays 25 euros par an par habitant, soit 0,1 % de leur PIB, ce qui est modeste.

Bien sûr, les nouveaux États membres sont tous bénéficiaires nets après leur adhésion, soit 28 milliards en crédits de paiement pour 2004-2006. La Pologne, la Hongrie et la République tchèque sont les principaux bénéficiaires de l'effort européen. Mais cette « logique comptable » [Fayolle et Le Cacheux, 2003], où chaque pays surveille ses retours en termes de contributions nettes, caractérise sociologiquement une forme étroite de régulation financière.

L'Europe apparaît aujourd'hui incapable de définir un projet politique global susceptible de convaincre les citoyens, comme l'ont montré les refus français et néerlandais du projet de Constitution. La politique régionale est conditionnée par le montant global du budget communautaire et par le poids de la politique agricole. La revendication officielle par six États (Allemagne, Autriche, France, Grande-Bretagne, Pays-Bas, Suède) d'un plafonnement budgétaire à 1 % du PIB communautaire (en 2003) limite les ambitions, surtout en l'absence d'un impôt européen.

La procédure institutionnelle de décision à vingt-cinq se heurte à la prégnance des calculs financiers où chaque État cherche à améliorer sa position. La définition d'un référentiel politique global et ambitieux est diluée dans ce jeu de régulation financière qui délégitime auprès des citoyens l'idée d'une Europe économique et sociale crédible. Le débat sur la renationalisation de la politique agricole et régionale [Sapir, 2003] des États riches reste entier. La régulation financière contredit la construction du référentiel politique et territorial de la cohésion, consenti par les citoyens. L'Europe est bien un marché commun, élargi en 2004, et une union monétaire, mais peine à créer un projet politique légitime. L'Europe de l'environnement, du développement durable et solidaire, de la cohésion (stratégie de Göteborg) reste peu visible et peu soutenue financièrement. L'Europe du développement rural peine à se dégager d'une politique agricole peu respectueuse de l'environnement (mécanisme de garantie de ressources) et dommageable pour les économies en développement (revente des surplus européens). L'Europe sociale, en l'absence d'un choix sur la protection sociale, est parcellaire. Le nouveau référentiel gestionnaire, en affichant des objectifs de compétitivité (stratégie de Lisbonne, objectif de compétitivité régionale des fonds européens), dessine une image sociale négative de performance néolibérale. En l'absence d'un budget suffisant (et donc d'impôt européen), les âpres marchandages financiers ne suffisent pas à concilier la concurrence économique des entreprises avec la réduction des inégalités sociales et territoriales.

La régulation financière contredit souvent les objectifs de référence. Elle constitue un processus essentiel de l'action publique, et non pas une procédure technique des moyens ou une boîte noire des contraintes. La sociologie de la régulation financière doit aussi concerner les citoyens.

IV / La démocratie financière

Le projet politique consiste à définir une stratégie globale, à donner un sens à l'action publique, mais aussi à proposer des choix financiers que le citoyen doit débattre et approuver. La démocratie financière est à penser en contrepoint à l'idéologie du marché et du référentiel gestionnaire par la performance. Le citoyen doit pouvoir décider entre les clivages partisans au regard des choix de référence et des choix financiers (et d'abord le chiffrage des programmes). Le débat public, comme les consultations électorales, sont des moments clés pour parvenir à une conception politique globale légitime. Encore faut-il statuer sur le rôle de l'information financière, avant d'étudier la relation entre le citoyen et les finances publiques.

L'information financière

L'information financière remplit des fonctions sociologiques qui la distinguent de l'information scientifique et de l'expertise. Les médias participent aussi, selon leur propre vision, à la diffusion publique de l'information financière qui se trouve désormais au centre de l'évaluation des programmes publics en France et dans de nombreux pays.

Trois fonctions sociologiques de l'information financière

Le troisième contrat de plan État-Région 1994-1999 marque l'institutionnalisation des pratiques d'information financière et d'évaluation [Leroy, 2000, p. 178] qui répondent à des fonctions de communication politique, d'information synthétique et d'imputabilité politique.

La fonction de communication politique est destinée aux élus et indirectement aux citoyens. L'État et la Région valorisent leur engagement financier en justifiant la bonne exécution des actions programmées dans le contrat. Il s'agit d'afficher un taux de réalisation correct et non de rendre compte des difficultés de la mise en œuvre des objectifs contractuels. La rationalité est donc juridique et non managériale [Chevallier et Loschak, 1982] selon l'idée (fausse) d'une application formelle du droit contractuel alors que celui-ci est peu contraignant. Un indicateur financier est privilégié : le taux global d'exécution du contrat de plan en pourcentage (les taux d'exécution par domaine et programme étant aussi indiqués). L'indicateur d'exécution semble objectif, mais il occulte les difficultés du suivi financier des politiques partenariales. Comme indicateur d'action, il assure une communication efficace mais ne dit rien sur les résultats.

La fonction d'information synthétique est une première étape vers l'évaluation des programmes contractualisés. Par exemple, le bilan annuel d'Auvergne retrace pour chaque action du contrat les objectifs, la participation de l'État et de la Région, avec des commentaires sur la mise en œuvre, l'atteinte des objectifs, le type de suivi. En Nord-Pas-de-Calais, un répertoire de la mise en œuvre s'appuie sur des données financières consolidées et des commentaires critiques.

La fonction d'imputabilité politique valorise les actions des deux principaux partenaires du contrat de plan, l'État et la Région. Le bilan financier, que chacun élabore de son côté, compare leur effort financier. Par exemple, le bilan de Bourgogne propose une figure simple de l'avancée (ou du retard) des deux partenaires, sans représenter la participation des autres collectivités locales. L'imputabilité politique est confisquée par l'État et la Région. Par exemple, une Région affichait un taux d'exécution supérieur à 100 % en comptabilisant à la fois les programmes contractuels et les programmes non contractuels. L'État n'est pas en reste car il comptabilise parfois dans son bilan les crédits européens ou des autorisations d'engagement virtuelles, c'est-à-dire sans crédits de paiement (ou votés bien après).

L'information financière n'est donc pas neutre et répond surtout à une stratégie de légitimation politique de l'État et de la Région dans l'action territoriale. Elle est un langage du partenariat, qui est cependant biaisé par les carences du suivi financier. Elle a aussi une finalité gestionnaire qui s'appuie sur l'information scientifique et l'expertise.

Information scientifique et expertise

Supposons qu'une priorité publique soit d'améliorer l'accès à l'université : il est intéressant de connaître l'impact d'une augmentation des dépenses d'éducation. Ici, une information scientifique est nécessaire. Ainsi, une étude fondée sur des données de 1990-1995 dans quarante-huit États américains [Berger et Kostal, 2002] indique que l'objectif d'amélioration de l'accès aux études supérieures est contredit par un changement dans la structure du financement. Les dépenses dans l'enseignement supérieur augmentent, mais la part de l'État diminue et celle des étudiants et des familles augmente. Ainsi, le niveau mais aussi la structure du financement jouent. L'étude montre qu'il faut des droits d'inscription raisonnables et des financements publics suffisants. Le taux de chômage ne joue pas sur le nombre d'inscriptions, ni les salaires proposés aux enseignants, le nombre de bacheliers joue. Ces informations sont difficiles à produire avec des indicateurs de performance de type LOLF ; en revanche, une fois connues, un simple tableau de bord de la structure des dépenses d'éducation est suffisant.

Une étude portant sur trois cents districts de l'État du Kansas [Deke, 2003] confirme l'importance du niveau de financement de l'éducation : une hausse de 20 % entraîne une hausse de 5 % de la probabilité de suivre des études supérieures. Une étude [Bradbury et Campbell, 2003] évalue l'impact des subventions publiques au mérite pour les établissements supérieurs de l'État de Géorgie, en vue d'améliorer l'accès à l'enseignement supérieur et le niveau de formation des citoyens : le programme a un effet contraire car, pour obtenir plus de subventions de l'État, le taux de diplômés est manipulé par les établissements qui sont plus indulgents avec les étudiants. On peut aussi s'intéresser à l'impact redistributif des modalités de financement de l'enseignement supérieur [Lee, Ram et Smith, 1999].

Un consensus existe aujourd'hui sur l'utilité sociétale et économique des dépenses d'éducation. Mais, compte tenu des difficultés budgétaires, faut-il privilégier les dépenses dans l'enseignement supérieur ou au contraire dans les niveaux primaire et secondaire ? Une étude dans quarante-cinq pays développés [Birdsall, 1996] montre l'intérêt de maintenir un haut niveau de dépenses dans l'enseignement supérieur (et dans la recherche fondamentale), certes pour la formation professionnelle, mais surtout pour le bénéfice social. L'étude alimente aussi le débat sur les missions de l'enseignement supérieur en montrant qu'il faut assurer un enseignement de qualité...

L'information scientifique, notamment comparative [OCDE, 2006], contribue à la connaissance et à l'évaluation des politiques publiques. Toutefois, l'évaluation scientifique des budgets ne doit pas conduire à un gouvernement des experts car les choix de dépenses et de leur financement sont des choix de société de nature politique.

Pour les décisions publiques, l'expertise est souvent préférée à la connaissance scientifique. Les deux mondes sont en relation, par exemple quand des chercheurs répondent à des commandes publiques. Néanmoins, l'expertise, même si elle convoque le savoir scientifique, est un mode de connaissance pratique jouant un rôle de légitimation politique dans les sociétés modernes. Cette légitimation des institutions est à relier à la société du risque [Beck, 2001] où les experts statuent sur les dangers de l'action de l'homme sur la nature, la société et sur lui-même. Il existe ainsi plusieurs figures de l'expert [Montlibert, 1993] : le scientifique, le savant, le juge, le prophète... On a vu aussi (*cf.* chapitre II), dans le cas du juge financier opposé à la légitimité de l'élu local, que l'expertise est souvent contestée.

Les finances publiques dans la presse écrite, Internet

Les médias exploitent parfois l'expertise financière pour accrocher le lecteur sur les défauts des universités, des hôpitaux, etc. Ce risque est difficile à éviter dans une démocratie qui respecte la libre information du citoyen, sauf par le pluralisme des médias. Le traitement de l'information financière par la presse reste à améliorer plus ou moins selon les pays et les sujets. En Nouvelle-Zélande, l'information semble bonne, selon le dépouillement du quotidien de référence *The Press* sur quatre mois de 1998, au regard du coût des services publics [Kemp, 2002, p. 127]. En France, l'information financière suit le calendrier budgétaire de l'État (dépôt de la déclaration d'impôt sur le revenu, projet de loi de finances) et est plus idéologique pour la fiscalité que pour le budget [Esclassan, Patout et Papon, 2004].

Une étude des sites Internet des ministères des Finances de l'Europe des Quinze [Pérez, Hernandez et Bolivar, 2005] apporte des résultats contrastés : un peu plus de la moitié des pays propose au moins 50 % des données recommandées, par exemple sur le budget voté. Six pays n'offrent pas d'information sur leur position financière et économique. L'information sur les indicateurs du management public est généralement absente. La majorité des sites ne donne pas d'informations sur l'exécution du budget. Les données comparatives sont souvent disponibles. L'information est facilement accessible, mais est rarement personnalisée en fonction des usagers. La transparence financière de la gestion publique par Internet reste donc à améliorer et à harmoniser dans le cadre européen, les écarts entre les pays étant importants. La France, en deuxième position du classement général, est comparativement bien placée, mais un peu moins pour la navigabilité du site (cinquième position).

L'évaluation financière

La littérature sur l'évaluation est foisonnante. En France, le mouvement a été lancé par des rapports publics [Deleau, 1986] et certaines collectivités, sans oublier l'influence des exemples étrangers. L'évaluation est désormais inscrite au cœur des finances publiques de l'État avec la performance financière organisée par la LOLF de 2001. Une mutation s'opère ainsi vers la financiarisation de l'évaluation des politiques publiques.

L'évaluation peut répondre à des finalités diverses [CSE, 1996 ; Rossi et Wright, 1994], notamment gestionnaire ou démocratique. L'instauration des budgets d'objectifs, mesurés par des indicateurs de performance, place la rationalité financière au centre de l'action publique. Il s'agit de mettre fin à la logique du budget de moyens consistant à reconduire les crédits du passé. L'ambition est louable, le risque étant de cautionner l'idéologie néolibérale de limitation des services publics. L'enjeu est de savoir si le débat parlementaire sera effectif, à la fois sur l'information réunie dans les rapports de performance, mais aussi sur la construction des indicateurs et des objectifs. Si l'évaluation financière exclut la réflexion politique sur l'ensemble des choix financiers, elle deviendra un dispositif de gestion administrative. Les risques de dérive bureaucratique ne seront pas écartés pour autant : chaque responsable justifiant ses demandes de crédits par la performance de son action mesurée à l'aune d'indicateurs construits à cette seule fin, et non sur le traitement du problème public. En outre, le débat parlementaire sur la performance est conditionné par la volonté de la majorité en place d'évaluer les choix du gouvernement.

Pour l'instant, l'évaluation financière inscrite dans la LOLF se réalise sur le terreau des pratiques administratives. Le problème est déjà de pouvoir imputer les indicateurs à l'action publique. Ainsi, pour le ministère de la Culture, on constate que six indicateurs seulement (sur une quarantaine) sont directement imputables à l'action de l'État. Cette situation est à mettre en relation avec la faiblesse du budget du ministère, ses possibilités réelles de modifier le champ culturel et l'importance des partenariats financiers. Si les indicateurs de résultats (vingt-neuf) dominent, la part des indicateurs d'action est significative contrairement au cas de l'enseignement et de la recherche.

La mission recherche et enseignement supérieur comporte treize programmes dont six dépendent du ministère de l'Éducation nationale, de l'Enseignement supérieur et de la Recherche (qui gère par ailleurs cinq programmes pour la mission enseignement scolaire) et sept d'autres ministères. L'essentiel des crédits (selon le projet de loi de finances 2006), à savoir 88 % des 20,56 milliards d'euros en autorisations de programmes et des 20,69 millions d'euros en crédits de paiement, est géré par le ministère.

Les programmes de la mission enseignement supérieur et recherche pour 2006

Programme	Objectifs	Indicateurs	Poids en CP[1]
Formations supérieures et recherche universitaire	13	30	50 %
Vie étudiante	4	9	8 %
Recherches scientifiques et technologiques	5	10	17 %
Recherche en gestion des milieux et des ressources	5	11	5 %
Recherche spatiale	5	10	6 %
Orientation et pilotage de la recherche	8	15	2 %
Total : six programmes	40	85	88 % [2]

1. CP : crédits de paiement.
2. Les 12 % restant sont gérés par d'autres ministères.

La lisibilité de l'information est compliquée par le nombre élevé d'objectifs et d'indicateurs. En comparaison le ministère des Finances gère aussi deux missions, mais réparties en quatre programmes avec dix objectifs, et vingt-trois indicateurs. Il n'y a pas de relation systématique entre le nombre d'objectifs et le poids financier : si le grand programme formations supérieures et recherche est en tête, le programme orientation et pilotage de la recherche comporte huit objectifs et quinze indicateurs pour 2 % des crédits.

L'éducation est un problème de société qui implique des choix politiques. Pourtant, la vision globale de la politique publique d'enseignement et de recherche n'est pas privilégiée. La mission et les programmes sont libellés de manière neutre, en calquant le plus souvent la structure ministérielle. La recherche est éparpillée dans quatre programmes. Une conception professionnalisante de la formation supérieure est plutôt encouragée : aucun objectif, et donc aucun indicateur, n'est retenu par rapport aux autres finalités de l'acquisition des savoirs, de l'épanouissement de la personne (*cf.* la « capabilité » [Sen, 2000]), de la dimension critique, de la citoyenneté, du patrimoine culturel de la société... Ces choix politiques doivent faire l'objet d'un débat public.

La question des moyens financiers est éminemment politique. Une illustration est donnée par la révolte des chercheurs français en mars 2004 (*Le Monde*, 24 mars 2006). Du point de vue de l'organisation et du contenu de la recherche, la création (7 février 2005) d'une agence nationale de la recherche pilotée par le ministère, doublée d'une agence de l'innovation industrielle (30 août 2005) et du lancement des pôles de compétitivité (28 février 2005), marque la priorité accordée à la recherche appliquée par rapport à l'autonomie de la recherche. Les objectifs et indicateurs des programmes d'enseignement et de recherche s'inscrivent dans ce contexte. On relève aussi que l'indicateur d'accès des plus défavorisés à l'enseignement supérieur, qui répond aux préoccupations de la sociologie de l'éducation [Boudon, 1973 ; Bourdieu et Passeron, 1964], n'est pas rattaché au programme principal « formations supérieures » (ce n'est donc pas le problème de l'université), mais au programme « vie étudiante ».

Sur les trente indicateurs, six sont de nature politique, c'est-à-dire qu'ils traduisent des choix marqués à débattre (et à contester le cas échéant). L'indicateur d'inscription en enseignement court (IUT) traduit peut-être les chances d'insertion professionnelle, mais constitue aussi une forme de sélection discutable ; de même, les indicateurs de maîtrise de l'offre de formation se heurtent à une certaine vision de l'aménagement du territoire ; l'indicateur « validation d'acquis d'expérience » peut encourager des pratiques de labellisation sans réel contenu de formation. Les indicateurs de résultats dominent largement sur les indicateurs d'action (deux) : de ce point de vue, un effort est réalisé pour mesurer l'impact des programmes, même si l'information paraît trop dense pour le débat démocratique...

Il montre néanmoins que l'équilibre voulu par la LOLF entre la liberté du ministère dans la gestion des crédits (enveloppe globale) et sa responsabilisation par l'évaluation destinée au Parlement peut se révéler difficile à mettre en œuvre et à comprendre pour le citoyen.

Les indicateurs « formations supérieures » et « recherche universitaire »

Objectifs	Indicateurs	Nature
Répondre aux besoins de qualification supérieure	— % d'une classe d'âge de diplômés — insertion professionnelle dans les trois ans	R R
Améliorer la réussite à tous les niveaux de formation	— % d'établissements avec un dispositif d'évaluation — part des bacheliers inscrits en IUT et autres — jeunes sortis sans diplôme supérieur — % de licences obtenues en trois ans	A R et P R R
Maîtriser l'offre de formation	— % de sites délocalisés < 1 000 étudiants — nombre des regroupements d'écoles d'ingénieurs — part des mentions à faible effectif (L et M)	R et P R et P R et P
Faire de l'enseignement supérieur un outil de formation continue	— % de diplômes en formation continue — nombre de validations des acquis de l'expérience	R R et P
Attractivité et intégration internationale	— mesure de la mobilité des étudiants (OCDE) — étrangers inscrits en master et doctorat — ratio de réussite des étrangers — nombre de diplômes conjoints M et D	R R R R
Optimiser l'accès aux ressources documentaires	— disponibilité des places en bibliothèque — taux de demandes satisfaites en bibliothèque	A R
Produire des connaissances au meilleur niveau	— production scientifique des opérateurs — reconnaissance scientifique des opérateurs	R ?
Dynamisme de la recherche	— réactivité scientifique thématique	?
Contribuer à la compétitivité économique par la recherche	— efficacité de la politique de valorisation — efficience de la politique de valorisation — intensité du partenariat avec les entreprises	? ? R et P
Attractivité internationale de la recherche	— attractivité des opérateurs du programme	?

Objectifs	Indicateurs	Nature
Participer à la construction de l'espace européen de la recherche	— taux de participation dans les projets européens — taux de coordination dans ces projets — part des articles copubliés avec d'autres pays	R S R R
Gestion du patrimoine	— taux d'occupation des locaux	A
Réaliser des prestations de services par les universités	— montant des ressources venant des prestations — % dans les ressources de fonctionnement	R et P R et P

A = indicateur d'action ; R = indicateur de résultat ; P = indicateur de choix politique méritant débat.
? = indicateur trop général (ou peu clair).

Le citoyen et les finances publiques

L'approche cognitive des attentes du citoyen en matière de finances publiques permet de réfléchir aux avantages et aux conditions de la démocratie participative dans le cadre d'une éthique des indicateurs de société.

L'approche cognitive

L'expérimentation est souvent utilisée en sciences sociales ; elle permet en effet de contrôler les déterminants (variables) en jeu. Pour mesurer les attentes en matière de dépenses publiques, des choix méthodologiques sont à opérer. Ainsi, Kahneman, Ritov, Jacowitz et Grant [1993] comparent les approches économique et psychologique de la volonté de payer un bien à partir du cas de l'environnement et montrent que les préférences dépendent plus des attitudes envers le problème (perspective psychologique) que de la valeur économique au sens classique.

S'agissant des attentes des citoyens, il apparaît qu'en général, les gens connaissent mal la charge fiscale qui pèse sur eux et le coût total des services publics. La mauvaise information des citoyens sur le coût des services publics est bien mise en évidence empiriquement par Kemp [2003] à partir d'expériences réalisées en Nouvelle-Zélande. La ventilation des crédits dans les administrations et donc le coût de chaque service public sont mal estimés par les individus, contrairement à l'estimation du coût des biens de consommation sur le marché, qui est plus correcte que celle des biens publics [Kemp, 2002, p. 132]. Une exception est à noter pour les opérations à l'hôpital dont le coût est bien estimé [Kemp, 2002, p. 135].

Mais cette mauvaise information n'influence pas la valeur (l'utilité) estimée des services publics : en effet, si l'on manipule expérimentalement l'information sur le coût, on constate que cela ne change en rien la notation attribuée pour la valeur des services [Kemp, 2002, p. 137 ; 2003]. En revanche, si l'on demande combien les gens sont prêts à payer pour un service public, ils tiennent compte du coût qu'ils estiment (mal comme on l'a vu). Tout dépend donc si l'individu indique la valeur à attribuer à un service public dans la société, ou au contraire s'il raisonne sur le montant qu'il est prêt à payer personnellement. Comme pour l'impôt, la sociologie des dépenses publiques privilégie donc le raisonnement suivi concrètement, selon un modèle de rationalité cognitive, en s'appuyant sur les données empiriques disponibles. Par exemple, contrairement à la théorie économique, les tests par expériences montrent que les gens estiment le coût des services publics sans distinguer le coût total du coût marginal [Kemp, 2002, p. 106]. Le cadrage du problème des dépenses publiques (*cf. infra*) influence aussi les attitudes des citoyens qui raisonnent de manière différente selon qu'il s'agit de dépenses présentées dans des secteurs précis ou non.

Les attentes des citoyens

Selon la théorie de l'illusion fiscale [Buchanan et Tullock, 1962], les électeurs sous-estiment le niveau de taxation et sont plus demandeurs de services publics, ce qui explique la croissance des dépenses publiques. En réalité, la relation ressentie par le citoyen entre l'impôt et la dépense publique est au centre du problème, la sociologie financière proposant une approche cognitive du citoyen-contribuable capable d'altruisme.

Selon Downs [1960], l'impôt fait l'objet d'une aversion en démocratie car le contribuable voit l'argent sortir de sa poche, alors que les services publics financés sont moins visibles. Dans le cas anglais, Lewis [1982, p. 49] insiste sur l'illusion qui occulte le lien entre l'impôt et la dépense publique. Ainsi, selon l'enquête menée par Winter et Mouritzen [2001] (1 828 questionnaires) dans une ville danoise, deux tiers des enquêtés sont irréalistes en demandant beaucoup de services et moins d'impôts. Pourtant, selon cette enquête, 16 % seulement veulent beaucoup de services publics et une diminution de l'impôt. Les auteurs additionnent à tort ceux qui veulent une amélioration d'un ou deux services avec une baisse des impôts et ceux qui veulent beaucoup de services pour un même niveau de taxation. Dans cette enquête, 29 % des demandeurs de services publics proposent aussi d'augmenter la tarification des services, contre 27 % (irréalistes) qui veulent une diminution, le reste étant neutre. Une enquête de Welch [1985, p. 314] montre que les irréalistes ne sont pas majoritaires : la plupart des gens sont favorables soit à une augmentation des impôts pour financer les services voulus, soit à une réaffectation des dépenses, d'autres (une minorité) demandant la diminution des gaspillages publics ; la théorie de Downs apparaît contredite. Ce résultat est confirmé par Kemp [2002, p. 146].

La solution à ce paradoxe se trouve dans la rationalité cognitive du citoyen qui considère que sa forte demande de services publics peut se financer par divers moyens : les impôts, l'emprunt, les économies, la réaffectation des crédits, les subventions d'autres collectivités, la tarification des services. Ce raisonnement, s'il sous-estime le poids de la fiscalité dans le financement des services publics, a une logique certaine qui est aussi celle des innovations financières en cas de crise, ou des stratégies des décideurs publics pour boucler leur budget.

La théorie cognitive du citoyen est confirmée par une enquête sur l'aversion à la taxation qui diminue lorsque le lien entre l'impôt et la dépense est indiqué aux gens [Hadenius, 1985]. Une étude australienne [Blount, 2000, p. 287] des sondages d'opinion relatifs à vingt-cinq ans de réforme fiscale indique que les électeurs ne sont pas hostiles à la taxation en général, mais à certaines formes de taxation ; une aversion pour les impôts peut traduire la conviction que l'État peut (et doit) financer autrement les dépenses désirées. Pour l'Allemagne, Schmölders [1973, p. 40] relève que quatre personnes sur cinq pensent qu'en cas de déficit budgétaire, l'État doit réduire ses dépenses, 15 % étant favorables à une augmentation d'impôts. Parfois, les campagnes politiques ou les médias sensibilisent les citoyens à la relation entre les impôts et les services délivrés, comme dans le cas de la proposition 13 (baisse des prélèvements) en Californie [Citrin, 1979, p. 114]. De même, si le soutien à l'État-providence est moins fort quand on demande aux gens combien ils sont prêts à payer (impôt), cela ne traduit pas un rejet général, mais une question de priorités [Beedle et Taylor-Gooby, 1983, p. 18].

Une enquête américaine [Hansen, 1998, p. 519] montre que les choix individuels, contrairement au paradoxe de Condorcet-Arrow, sont en majorité transitifs ; ils aboutissent à des préférences collectives cohérentes, encore mieux si les questions posées sont réalistes et comportent des propositions alternatives. Une enquête belge [Schokkaert, 1987] sur 1 824 personnes portant sur des projets réels de dépenses montre, concernant la taille du secteur public, que la majorité préfère le *statu quo* pour les dépenses globales, ce qui infirme la théorie de l'illusion fiscale (qui suppose une croissance des dépenses publiques par sous-estimation de l'impôt).

Le cadrage du problème est important aussi pour déterminer les attitudes envers les dépenses publiques. Une étude de la campagne présidentielle de 1992 aux États-Unis montre que les citoyens sont plus favorables à la hausse des dépenses publiques dans le cas d'une présentation spécifique des secteurs concernés (63 %) que dans le cas d'une présentation générale (37 %) [Jacoby, 2000, p. 757] : dans le premier cas, l'effet des variables mesurant l'attitude envers les groupes bénéficiaires de la dépense est plus fort ; dans le second cas, le schéma de pensée mobilisé porte sur le gouvernement lui-même, notamment en fonction de la situation économique générale. La variable partisane tend à jouer dans les deux cas. Le revenu est un facteur significatif pour

L'altruisme des citoyens

Les enquêtes de terrain montrent que l'individu peut être altruiste. La théorie utilitariste du citoyen qui accepte seulement les dépenses qui lui profitent personnellement (intérêt égoïste) est fausse. Il est établi empiriquement que beaucoup de personnes sont prêtes à payer des impôts supplémentaires pour des programmes qui leur paraissent importants [Mueller, 1963, p. 224, Beedle et Taylor-Gooby, 1983, p. 29, Welch, 1985, p. 316]. De même, contrairement à la théorie des choix publics et à la conception utilitariste des valeurs, il apparaît que certains citoyens se déclarent favorables à une taxe sur l'essence pour des raisons éthiques [Brodsky et Thompson, 1993], alors qu'ils utilisent souvent leur véhicule. On a vu aussi que les contribuables sont plus favorables à la taxation quand ils peuvent établir un lien concret entre les impôts et les dépenses pour les services publics. L'intérêt peut jouer dans la demande de dépenses publiques, mais un certain degré d'altruisme existe aussi : les usagers des services publics, tout en étant plus opposés que les contribuables à la taxation des services, sont néanmoins prêts à une tarification de certains services qu'ils utilisent [Winter et Mouritzen, 2001, p. 126]. Un consensus existe pour admettre la nécessité d'un financement par l'impôt des services de base pour les défavorisés. Cet altruisme envers les groupes défavorisés joue dans le cas des dépenses de protection sociale. La variable revenu semble produire un effet limité sur la demande de dépenses [Schokkaert, 1987, p. 179], elle ne joue pas du tout dans le cas de dépenses spécifiques ciblant bien les bénéficiaires [Jacoby, 2000, p. 761].

les dépenses globales, mais pas pour les dépenses spécifiques, ce qui va dans le sens de notre théorie cognitive ; dans le cas d'une dépense globale, le schéma de raisonnement est financier : comment financer la demande de dépenses publiques et le revenu joue sur la réponse ; dans le cas d'une dépense spécifique, le schéma porte sur la préférence relative au projet et non sur le niveau des dépenses publiques.

Concernant le civisme, la sociologie fiscale [Leroy, 2002] montre que l'intérêt au sens utilitariste d'éviter l'impôt n'intervient pas uniquement : des valeurs et le raisonnement concret face à l'impôt (rationalité cognitive) déterminent la décision [Leroy, 2003]. Les normes sociales (internes et externes) jouent, surtout quand le contribuable s'identifie au groupe qui porte ces normes [Wenzel, 2004]. Le rôle des normes est complexe [Wenzel, 2005] et relève d'une sociologie culturelle des finances publiques, à l'instar des cultures budgétaires de Wildavsky (*cf.* chapitre I), de la notion connotée de mentalité fiscale [Schmölders, 1973] et de l'approche culturelle du *Welfare State* américain [Stennsland, 2006]. La croyance en une religion, la fierté (de son pays) et la confiance dans le gouvernement interviennent (sur la religion et l'impôt [Torgler, 2003 ; Bin, 2006]). On dispose de données par les expériences en laboratoire (par exemple au Costa Rica et en Suisse [Torgler, 2004]) et par les enquêtes mondiales sur les valeurs qui comportent une question sur la morale fiscale [Alm et Torgler, 2006] : les États-Unis sont en tête de la moralité fiscale (taux de morale fiscale de 70 %), la Belgique en fin de classement (< 40 %), la France se plaçant moyennement (50 %).

En général, les gens sont plutôt favorables aux dépenses publiques. Ils ne se livrent pas à une analyse économique, de type coût/bénéfice, et sont capables d'altruisme. Ils veulent bien payer par rapport à l'importance attribuée au bien et non par rapport à son coût. Dans la Grande-Bretagne des années 1980, Lewis et Jackson [1985] relèvent empiriquement que les gens sont plutôt favorables à une hausse des dépenses publiques, notamment en matière de santé, d'éducation et de retraites qui sont des postes plébiscités. Kemp [2002] confirme ces résultats en Nouvelle-Zélande où les gens sont fortement attachés aux services publics, notamment pour la santé, l'éducation et la police, la défense étant mentionnée en dernier. La valeur d'un service public, et donc les attentes de dépenses publiques, sont influencées par les besoins. Selon Kemp [2002, p. 166], les variables sociologiques générales (éducation, revenu, âge, sexe) et la variable partisane jouent peu pour les valeurs accordées aux services publics, sauf pour les dépenses médicales (sur l'influence du clivage partisan en matière sociale, *cf.* chapitre I).

La participation du citoyen

Une enquête [Kemp, 2002, p. 158] montre que 75 % des gens pensent qu'ils n'ont pas d'influence sur l'allocation des crédits par le gouvernement pour les services, ce que l'on pourrait mettre en relation avec la crise de confiance dans les décideurs politiques ; 47 % pensent qu'il faut prendre en considération les désirs et les besoins des gens, donc que le gouvernement doit intervenir pour les satisfaire. Ces résultats posent la question de l'implication du citoyen dans les choix de dépenses publiques.

La démocratie financière est une bonne chose pour des raisons morales et politiques évidentes, mais aussi pour le bon fonctionnement de la société. La démocratie représentative classique connaît des signes d'essoufflement qui expliquent la montée des expériences de démocratie participative. Il ne s'agit pas de soutenir que les élus n'ont plus de légitimité, mais de montrer l'apport d'une meilleure association des citoyens dans les choix démocratiques. Il ne s'agit pas non plus de tomber dans l'angélisme d'une participation exempte de risques. On a vu que même la formulation des questions par des scientifiques influence les réponses. Dans le cas du référendum, les groupes impliqués dans la décision ont une influence, par exemple les responsables scolaires pour la création d'une nouvelle école [Brokaw, Gale et Merz, 1990]. On sait aussi que les campagnes électorales modifient l'opinion publique. Le bon fonctionnement de la démocratie suppose donc un débat réel, pluraliste, fondé sur des informations discutées pour éviter la manipulation et la propagande.

L'amélioration du système représentatif a été recherchée à juste titre : renforcement du pouvoir du Parlement (*cf.* chapitre II), débat d'orientation budgétaire au sein des assemblées délibérantes (loi du 2 mars 1982 pour les départements, loi du 6 février 1992 pour les régions et les communes de plus de 3 500 habitants, article 48 de la LOLF pour l'État), information des élus et du public (rapports des juridictions financières, communication des budgets de la loi du 6 février 1992)…

Si les pratiques de transparence budgétaire varient d'un pays à l'autre [OCDE, 2002], les dispositifs de participation des citoyens s'ancrent de plus en plus institutionnellement, en particulier au niveau de la démocratie locale [Le Duff et Rigal, 2004]. En France, la consultation publique est un ressort classique de l'aménagement du territoire. La loi du 27 février 2002 relative à la démocratie de proximité (article L. 2143-1 CGCT) institue les conseils de quartier dans les villes. La réforme du 28 mars 2003 ouvre le référendum local à toutes les collectivités locales (nouvel article 72 de la Constitution, loi organique du 1er août 2003).

La réussite de ces structures locales de participation dépend de la représentativité territoriale (pourquoi privilégier tel quartier, telle zone, telle association) et sociale (les plus âgés, les plus instruits, les plus militants sont souvent surreprésentés et/ou dominent les débats). Elle est à la merci des changements institutionnels comme l'illustre le cas des anciens comités consultatifs d'Ottawa [Andrew et Poirier, 2004] qui fonctionnent moins bien depuis la fusion en 2001 de onze municipalités sous l'égide de la ville : valorisation des comités permanents d'élus et de la bureaucratie locale par le conseil municipal ; concurrence accrue entre l'expertise citoyenne et les fonctionnaires locaux ; contradiction entre les intérêts privés et l'intérêt général pour les services publics.

Le cas du référendum budgétaire à Milton-Keynes, ville du Royaume-Uni [Snelson, 2001, p. 25], confirme la rationalité (cognitive) des électeurs : en 1999, cette municipalité organise un référendum sur son budget en indiquant qu'elle respecterait les résultats. Une campagne d'information est menée sur les trois options proposées (sachant que la commune est en déficit de 10 %). Avec une participation de 45 % (au lieu de 26 % aux élections précédentes), 70 % des électeurs se prononcent pour une hausse sensible des impôts pour maintenir le financement des services publics.

Les expériences de budget participatif sont à citer [Picheral, 2001]. Au Brésil, le succès semble lié à l'importance des enjeux, vitaux pour les gens, et à la portée effective des décisions prises. L'OCDE [Heimans, 2002] identifie les conditions et les risques de ces démarches (moyens financiers, cadrage des groupes d'intérêt, etc.), désormais implantées dans le monde entier.

La participation des gens aux choix de finances publiques est à encourager. Empiriquement, la démocratie financière a des effets positifs : Torgler [2004, p. 34] montre (à partir d'expériences) que le fait de pouvoir choisir le niveau de dissuasion (nombre de contrôles et niveau des pénalités) améliore le respect des obligations fiscales (*compliance*). Cette étude confirme d'autres expériences [Alm, McClelland et Schulze, 1999 ; Feld et Tyran, 2002] sur la relation entre le pouvoir de décider et le civisme fiscal. L'impôt met en jeu la légitimité des institutions publiques [Leroy, 2002], la relation aux institutions expliquant alors, selon des expériences menées à partir des enquêtes mondiales sur les valeurs des gens, les différences de civisme fiscal [Cummings, Martinez-Vasquez, McKee et Torgler, 2004]. La démocratie directe apparaît aussi plus positive pour l'obligation fiscale [Pommerehne et Weck-Hannemann, 1996].

Conclusion

Par l'étude de la décision budgétaire comme choix politique et social, la sociologie des finances publiques dévoile les pratiques de régulation des institutions, en rejetant tout déterminisme des contraintes financières et toute instrumentalisation technique ou idéologique. Par son analyse des logiques du financement des politiques, elle construit une théorie de l'action publique qui teste la pertinence des modèles de la science sociale et des référentiels politiques. La construction d'une science sociale financière est un vaste chantier pour la connaissance et l'amélioration de la société démocratique. Sur le plan éthique, elle a vocation à penser le lien entre les critères savants de la justice sociale et les indicateurs financiers de la société.

Les indicateurs de société sont donc des informations utilisées par la société pour rendre compte du bien-être collectif. Ils doivent être simples, connus du public, et permettre des classements comparatifs pour alimenter le débat public. Un compromis est à trouver entre la richesse de l'information et la facilité de sa lecture par le public, particulièrement en matière financière. L'évaluation financière montre la difficulté de l'exercice : un taux de réalisation ou un indicateur d'action sont parlants, mais réducteurs quant à l'atteinte des objectifs d'une politique publique. La démocratie participative, parmi ses vertus politiques, doit assurer la formation du citoyen pour éviter l'utilisation réductrice des indicateurs de société (par certains médias notamment).

Les indicateurs de société contiennent des valeurs pour une société qui s'inscrivent dans un espace historique et politique du problème. Ils questionnent les critères savants de la justice sociale qui doivent œuvrer à devenir des indicateurs de société, comme dans le cas de l'indice de développement humain, fondé sur les travaux déjà cités d'Amartya Sen (indicateur utilisé par les Nations unies, à partir de l'espérance de vie, les taux d'alphabétisation et de scolarité, etc., pour mesurer le développement à l'aune des capacités des individus à faire des choix de vie). Les indicateurs de croissance économique (PIB) sont ainsi relativisés par des indicateurs sociaux [Gadrey, 2003]. Bien sûr, les indicateurs de société comme les critères de justice qu'ils synthétisent ne sont pas tous conciliables. Par exemple, dans le domaine des inégalités, les approches ne sont pas toujours complémentaires [Fitoussi et Savidan, 2003].

La progression des pratiques de (bonne) démocratie financière constitue un critère de justice sociale. Pour les fonctions de l'impôt [Leroy, 2005], l'analyse économique standard (les fonctions de financement, d'intervention et de redistribution de l'impôt [Musgrave, 1959]) est à élargir par les trois critères sociologiques, prémisses à des indicateurs sociaux, de la fonction territoriale, sociale et démocratique (contribution consenti) du système fiscal. Le critère de l'amélioration du sort des plus démunis de Rawls [1987] justifie la redistribution des revenus par l'impôt ou les dépenses sociales. De ce point de vue, la performance gestionnaire des finances publiques, qui prétend, comme on l'a vu, servir de référentiel commun à l'action publique compétitive, ne saurait se passer d'une boussole sociale équitable.

Repères bibliographiques

ABATE B., « La réforme budgétaire : un modèle de rechange pour la gestion de l'État ? », *Revue française de finances publiques*, n° 82, 2003, p. 45-46.

ABEN J. et PERCEBOIS J. (dir.), *Le Fardeau de la sécurité : défense et finances publiques*, Paris, L'Harmattan, « L'esprit économique », 2004.

ALM J., McCLELLAND G.H. et SCHULZE W.D., « Changing the social norm of tax compliance by voting », *International Review Social Sciences*, vol. 52, n° 2, 1999, p. 141-171.

ALM J. et TORGLER B., « Culture differences and taxs morale in the United States and in Europe », *Journal of Economic Psychology*, vol. 27, n° 2, 2006, p. 224-226.

ANDREW C. et POIRIER C., « Décision et consultation au niveau local : dynamiques et tensions entre la démocratie représentative et la démocratie consultative à la ville d'Ottawa », *in* LE

DUFF R. et RIGAL J.-J. (dir.), *Démocratie et management local*, Paris, Dalloz, 2004, p. 35-51.

ARDANT G., *Théorie sociologique de l'impôt*, Paris, SEVPEN, 1965.

BACHÉ J.-P., « Le cadre financier pour le prochain élargissement », *Revue du Marché commun et de l'Union européenne*, n° 457, 2002, p. 228-233.

BANFIELD E.O., *Political Influence : A New Theory of Urban Politics*, New York, Free Press, 1961.

BARANGER D., « La tradition du contrôle budgétaire en Grande-Bretagne », *Revue française de finances publiques*, n° 86, 2004, p. 75-86.

BARILARI A. et BOUVIER M., *La Nouvelle Gouvernance financière de l'État : la LOLF*, Paris, LGDJ, « Systèmes, finances publiques », 2004.

BECK U., *La Société du risque*, Paris, Aubier, 2001.

BEEDLE P. et TAYLOR-GOOBY P., « Ambivalence and altruism : public opinion about taxation and welfare », *Policy and Politics*, vol. 11, n° 1, 1983, p. 15-39.

Begadon S. et Agocs C., « Limits to power : a study of the influence of mayors and CAOS on municipal budgets in Ontario, 1977-1990 », *Canadian Public Administration*, vol. 38, n° 1, 1995, p. 29-44.

Beltrame P., « La pensée libérale et l'impôt au XIXᵉ siècle en France », *Revue française de finances publiques*, n° 84, 2003, p. 23-41.

Berger M.-C. et Kostal T., « Financial resources, regulation, and enrollment in US public higher education », *Economics of Education Review*, vol. 21, n° 2, 2002, p. 101-110.

Besson D., « L'investissement des administrations publiques locales. Influence de la décentralisation et du cycle des élections municipales », *INSEE Première*, n° 867, 2002.

Bhattacheryya D.K. et Wassmer R.W., « Fiscal dynamics of local elected officials », *Public Choice*, n° 83, 1995, p. 221-249.

Bin (F.), *L'Influence de la pensée chrétienne sur les systèmes fiscaux d'Europe occidentale*, Paris, L'Harmattan, « Finances publiques », 2006.

Binet M.E. et Pentecote J.S., « Tax degression and the political budget cycle », *Applied Economics Letter*, n° 11, 2004, p. 905-908.

Birdsall N., « Public spending on higher education in developing countries : too much or too little ? », *Economics of Education Review*, vol. 15, n° 4, 1996, p. 407-419.

Birnbaum P., « Le pouvoir local : de la décision au système », *Revue française de sociologie*, vol. 14, n° 3, 1973, p. 336-351.

Blais A. et Nadeau R., « The electoral budget cycle », *Public Choice*, vol. 74, n° 4, 1992, p. 389-403.

Blount S., « Public opinion and tax aversion in Australia », *Journal of Sociology*, vol. 36, n° 3, 2000, p. 275-290.

Bondonio P. et Marchese C., « Equilibrum in fiscal choices : evidence from a budget game », *Public Choice*, n° 78, 1994, p. 205-218.

Bortolotti B., Fantini M. et Siniscalco D., « Privatisation around the world : evidence from panel data », *Journal of Public Economics*, vol. 88, n° 1/2, 2003, p. 305-332.

Bosch N. et Suarez-Pandiello J., « Seven hypotheses about public choice and local spending », *Public Finance*, vol. 50, n° 1, 1995, p. 36-50.

Boudon R., *L'Inégalité des chances*, Paris, Armand Colin, 1973.

— « La théorie de l'action sociale de Parsons : la conserver, mais la dépasser », *Sociologie et Sociétés*, vol. 21, n° 1, 1989, p. 53-67.

Bourdieu P. et Passeron J.-C., *Les Héritiers*, Paris, Minuit, 1964.

Bouvier M., « Nouvelle gouvernance et philosophie de la loi organique », *Revue française de finances publiques*, n° 86, 2004, p. 193-218.

Bradbury J.C. et Campbell N.D., « Local lobbying for state grants : evidence from Georgia's hope scholarship », *Public Finance Review*, vol. 31, n° 4, 2003, p. 367-391.

Brennan G. et Buchanan J.M., « Towards a tax constitution for Leviathan », *Journal of Public Economics*, vol. 8, n° 8, 1977, p. 255-273.

Brodsky D.M. et Thompson E., « Ethos, public choice and referending voting », *Social Science Quarterly*, vol. 74, n° 2, 1993, p. 286-299.

Brokaw A., Gale J.R. et Merz T.E., « Explaining voter behavior toward local school expenditures : the impact of public attitudes », *Economics of Education Review*, vol. 9, n° 1, 1990, p. 67-72.

Brown D.S. et Hunter W., « Democracy and social spending in Latin America », *American Political Science Review*, vol. 93, n° 4, 1999, p. 779-790.

Buchanan J.M. et Tullock G.A., *The Calculus of Consent, Logical Foundations of Constitutional Democracy*, Ann Arbor, University of Michigan Press, 1962.

Camby J.-P., « La place des finances publiques dans les préoccupations parlementaires », *Revue française de finances publiques*, n° 87, 2004, p. 23-38.

Centeno M.A., « Blood and debt : war and taxation in nineteenth-century latin America », *American Journal of Sociology*, vol. 102, n° 6, 1997, p. 1565-1605.

Cesare F.P. et De Vivo P., « Shifts in autonomy, responsibility and control from centre to periphery in public administration : the case of the ministry of finance in Italy », *Scandinavian Journal of Management*, vol. 16, n° 4, 2000, p. 411-429.

Chevallier J. et Loschak D., « Rationalité juridique et rationalité managériale dans l'administration française », *Revue française d'administration publique*, n° 24, 1982, p. 53-94.

Citrin J., « Do people want something for nothing : public opinion on taxes and government spending », *National Tax Journal*, vol. 32, 1979, p. 113-129.

Claramunt C.O. et Arroyo S.C., « The role of "the resources of the power hypothesis", in explaining the Spanish Welfare State between 1975-1995 », *European Journal of Political Research*, vol. 38, n° 2, 2000, p. 261-284.

Clarke S. (dir.), *Urban Innovation and Autonomy. The Political Implications of Policy Change*, Beverley Hills, Sage Publications, 1989.

Cour des comptes européenne, *Mise en œuvre de la programmation des interventions de la période 2000-2006 dans le cadre des fonds structurels*, 2003.

Cowart A., Hansen T. et Brofoss K.E., « Budgetary strategies and success at multiple decisions levels in the Norwegian urban setting », *American Political Science Review*, vol. 69, 1975, p. 543-558.

Crepaz M.M.L. et Moser A.W., « The impact of collective and competitive veto points on public expenditures in the global age », *Comparative Political Studies*, vol. 37, n° 3, 2004, p. 259-285.

Crozet Y. et Héroin E., « Le transport régional de voyageurs : régionalisation et nouvelles incitations à la performance ferroviaire », *Politiques et management public*, vol. 17, n° 3, 1999, p. 171-193.

Crozier M., *État modeste, État moderne*, Paris, Fayard, 1987.

Crozier M. et Friedberg E., *L'Acteur et le système*, Paris, Seuil, « Points », 1977.

Crozier M. et Thoenig J.-C., « La régulation des systèmes organisés complexes. Le cas du système de décision politico-administratif local », *Revue française de sociologie*, vol. 16, n° 1, 1975, p. 3-32.

CSE (Conseil scientifique de l'évaluation), *L'Évaluation en développement*, Paris, La Documentation française, 1993.

— *Petit Guide de l'évaluation des politiques publiques*, Paris, La Documentation française, 1996.

Cusack T.R., « Partisan politics and fiscal policy », *Comparative Political Studies*, vol. 32, n° 4, 1999, p. 464-486.

Cuming R.G., Martinez-Vasquez J., McKee M. et Torgler B., « Effects of culture on tax compliance : a cross check of environmental and survey evidence », *Working Paper*, Georgia State University, CREMA, août 2004.

Dahl R., *Who Governs ? Democracy and Power in an American City*, New Haven, Yale University Press, 1961.

Daillier P., « L'Union économique et monétaire européenne et le droit budgétaire français : quelle articulation ? », *Revue française de finances publiques*, n° 86, 2004, p. 219-224.

Daniel C. et Palier B. (dir.), *La Protection sociale en Europe : le temps des réformes*, Paris, La Documentation française, 2001.

De Alcantara C.H., « Du bon usage du concept de gouvernance », *Revue internationale des sciences sociales*, n° 155, 1998, p. 109-118.

Deke J., « A study of the impact of public school spending on post-secondary educational attainment using statewide school district refinancing in Kansas », *Economics of Education Review*, vol. 22, n° 3, 2003, p. 275-284.

Deleau M., *Évaluer les politiques publiques*, Paris, La Documentation française, 1986.

Delorme R. et André C., *L'État et l'économie. Un essai d'explication de l'évolution des dépenses publiques en France (1870-1980)*, Paris, Seuil, 1983.

DEXIA, *Les Finances locales dans les quinze pays de l'Union européenne*, Paris, Dexia, 2002.

DOBRY M., *Sociologie des crises politiques*, Paris, Presses de Sciences Po, 1992.

DOWNS A., *An Economic Theory of Democracy*, New York, Harper, 1957.

— « Why the government budget is too small in a democracy », *World Politics*, n° 12, 1960, p. 541-563.

DUCROS J.-C., *Sociologie financière*, Paris, PUF, « Thémis », 1982.

DURAN P. et THOENIG J.-C., « L'État et la gestion publique territoriale », *Revue française de science politique*, vol. 46, n° 4, 1996, p. 580-623.

EDGELL S. et DUKE V., « Reactions to the public expenditure cuts : occupational class and party realignment », *Sociology*, vol. 16, n° 3, 1982, p. 431-439.

ELIAS N., *La Société de cour*, Paris, Calmann-Lévy, 1974.

EISENSTEIN L., *The Ideologies of Taxation*, New York, Ronald Press, 1961.

ELLIS K. et MITCHELL S., « La gestion axée sur les résultats au Royaume-Uni », *Budgeting and Public Expenditure*, OCDE, vol. 1, n° 4, 2002, p. 121-138.

ESCLASSAN M.-C., PATOUT S. et PAPON C., « Les finances publiques dans la presse écrite : 1983-2003 », *Revue française de finances publiques*, n° 87, 2004, p. 39-54.

ESPING-ANDERSEN G., *Les Trois Mondes de l'État-providence*, Paris, PUF, « Le lien social », 1999.

FALCH T. et RATTSO J., « Political economic determinants of school spending in federal states : theory and time-series evidence », *European Journal of Political Economy*, vol. 13, 1997, p. 299-314.

FAYOLLE J. et LE CACHEUX J., « Budget européen : triomphe de la logique comptable », *Lettre de l'OFCE*, n° 185, 2003.

FAYOLLE J. et LECUYER A., « Croissance régionale, appartenance nationale et fonds structurels européens : un bilan national », *Revue de l'OFCE*, n° 73, 2000, p. 165-185.

FELD L.P. et TYRAN J.R., « Tax evasion and voting : an experimental analysis », *International Review Social Sciences*, vol. 55, n° 2, 2002, p. 197-222.

FELDMAN S. et STEENBERGEN M.R., « The humanitarian foundation of public support for social Welfare », *American Journal of Political Science*, vol. 45, n° 3, 2001, p. 658-677.

FENNO R., *Congressmen in Committee*, Boston, Little Brown, 1973.

FITOUSSI J.-P., « Politique budgétaire et régulation économique : un sujet controversé », *Revue française de finances publiques*, n° 46, 1994, p. 41-49.

FITOUSSI J.-P. et SAVIDAN P. (dir.), « Comprendre les inégalités »,

Revue de philosophie et de sciences sociales, n° 4, 2003.

Fontvieille L., « Évolution et croissance de l'État français de 1815 à 1969 », *Économies et Sociétés*, n° 13, 1976.

Fortin Y. (dir.), *La Contractualisation dans le secteur public des pays industrialisés depuis 1980*, Paris, L'Harmattan, « Logiques juridiques », 1999.

Foucault M. et François A., « La politique influence-t-elle les décisions publiques locales ? Analyse empirique des budgets communaux de 1977 à 2001 », *Politiques et management public*, vol. 23, n° 3, 2005, p. 79-100.

Gadrey J., « Des outils d'évaluation alternatifs pour une économie morale de la richesse », *Économies et Sociétés*, hors-série, n° 39, 2003, p. 1099-1109.

Garman C., Haggard D. et Willis E., « Fiscal decentralization. A political theory with Latin American cases », *World Politics*, vol. 53, n° 2, 2001, p. 205-236.

Garret G., *Partisan Politics in the Global Economy*, Cambridge, Cambridge University Press, 1998.

Garret G. et Mitchell D., « Globalization, government spending and taxation in the OECD », *European Journal of Political Research*, vol. 39, n° 2, 2001, p. 145-177.

Gaxie D. (dir.), *Le « social » transfiguré*, Paris, PUF, 1990.

Gilbert G., Thoenig J.-C., Cornu J.-Y. et Leroy M., *Les Cofinancements publics*, rapport de recherche Datar-Grale, 1997.

Gill J. et Thurber J.A., « Congressional tightwads and spendthrifts : measuring fiscal behavior in the changing house of representatives », *Political Research Quarterly*, vol. 52, n° 2, 1999, p. 387-402.

Goldscheid R., *Staatssozialismus oder Staatekapitalismus*, Vienne, Anzengruber, 1917.

– « Sociological approach to problems of public finance », *in* Musgrave R.A. et Peacock A.T., *Classics in the Theory of Public Finance*, New York, St Martin's Press, 1967, p. 202-213 (1re éd. 1925).

Goybet P., « Le développement de l'évaluation au niveau communautaire. Enjeux et perspectives », *Revue d'économie régionale et urbaine*, n° 3, 1998, p. 357-367.

Grimsey D. et Lewis M.K., « Evaluating the risks of public private partnership for infrastructure projects », *International Journal of Project Management*, vol. 20, n° 2, 2002, p. 107-118.

Groszyk W., « La gestion axée sur les résultats aux États-Unis », *Budgeting and Public Expenditure*, OCDE, vol. 1, n° 4, 2002, p. 139-164.

Guéry A., « Fondements historiques des finances de l'État », *in* Théret B., *L'État, la finance et le social*, Paris, La Découverte, 1995, p. 390-410.

GUTTMAN D., « Privatisation, intérêt public : la culture de l'externalisation du XXᵉ siècle et la loi évolutive de la souveraineté diffuse », *Budgeting and Public Expenditure*, OCDE, vol. 2, nᵒ 4, 2003, p. 98-150.

HACKER J.S., « Privatizing risk without privatizing the Welfare State : the hidden politics of social policy retrenchment in the United States », *American Political Science Review*, vol. 98, nᵒ 2, 2004, p. 243-260.

HADENIUS A., « Citizens strike a balance : discontents with taxes, content with spending », *Journal of Public Policy*, vol. 5, nᵒ 3, 1985, p. 349-365.

HANSEN J.M., « Individuals, institutions, and public preferences over public finance », *American Political Science Review*, vol. 92, nᵒ 3, 1998, p. 513-531.

HASTINGS-MARCHADIER A., « L'impact des privatisations sur le budget de l'État en France », *Revue française de finances publiques*, nᵒ 79, 2002, p. 43-86.

HAYS S.P., « The State and policy innovation research », *Policy Studies Journal*, vol. 24, nᵒ 2, 1996, p. 321-326.

HEADEY B., GOODIN R.E., MUFFELS R. et DIRVEN H.J., « Is there a trade-off between economic efficiency and a generous Welfare State ? A comparison of best cases of the three worlds of Welfare capitalism », *Social Indicators Research*, vol. 50, 1999, p. 115-157.

HEIMANS J., « Renforcer la participation à la gestion des dépenses publiques : recommandations à l'intention des principaux acteurs », *Cahier de politique économique*, OCDE, nᵒ 22, 2002.

IBRAHIM M.M., « Party politics and spending decisions in local authorities », *International Journal of Public Sector Management*, vol. 7, nᵒ 5, 1994, p. 67-71.

JACOBY W.G., « Issue framing and public opinion on government spending », *American Journal of Political Science*, vol. 44, nᵒ 4, 2000, p. 750-767.

JESSOP B., « L'essor de la gouvernance et ses risques d'échec : le cas du développement économique », *Revue internationale des sciences sociales*, nᵒ 155, 1998, p. 31-49.

JINNO N. et DEWITT A., « Japan's taxing bureaucrats : fiscal sociology and the property-tax revolt », *Social Science Japan Journal*, vol. 1, nᵒ 2, 1998, p. 233-246.

JOBERT B. et MULLER P., *L'État en action. Politiques publiques et corporatismes*, Paris, PUF, « Recherches politiques », 1987.

JONAKIN J. et STEPHENS M., « The impact of adjustment and stabilization spending in Central America », *North American Journal of Economics and Finance*, vol. 10, nᵒ 1, 1999, p. 293-308.

KAHNEMAN D., RITOV I., JACOWITZ K.E. et GRANT P., « Stated willingness to pay for public goods : a psychological perspective », *Psychological Science*, vol. 4, 1993, p. 310-315.

Kanter A., « Congress and the defense budget : 1960-1970 », *American Political Science Review*, vol. 66, 1972, p. 129-143.

Kantor P. et David S., « The political economy of change in urban budgetary politics : a framework for analysis and a case study », *British Journal of Political Science*, vol. 13, n° 3, 1983, p. 251-274.

Kemp S., *Public Goods and Private Wants*, Cheltenham, Edward Elgar, 2002.

— « The effect of providing misleading cost information on the percieved value of government services », *Journal of Economic Psychology*, vol. 24, 2003, p. 117-128.

Kessler M.-C., « Pour une étude du système budgétaire français », *Revue française de science politique, 1972*, p. 26-54.

Kibblewhite A. et Ussher C., « La gestion axée sur les résultats en Nouvelle-Zélande », *Budgeting and Public Expenditures*, OCDE, vol. 1, n° 4, 2002, p. 93-120.

Kite C., « The globalized, generous Welfare State : possibility or oxymoron », *European Journal of Political Research*, vol. 41, n° 3, 2002, p. 307-343.

Koren S. et Stiassny A., « Tax and spend, or spend and tax », *Journal of Policy Modeling*, vol. 20, n° 2, 1998, p. 163-191.

Korpi W., « Un État-providence contesté et fragmenté », *Revue française de science politique*, vol. 45, n° 4, 1995, p. 632-667.

Korpi W. et Palme J., « The paradox of redistribution and the strategy of equality : Welfare State institutions, inequality and poverty in the Western countries », *American Sociological Review*, vol. 63, n° 5, 1998, p. 661-687.

— « New politics and class politics in the context of austerity and globalization : Welfare State regress in 18 countries, 1975-1995 », *American Political Science Review*, vol. 97, n° 3, 2003, p. 425-446.

Kuo W.H., « Mayoral influence in urban policy making », *The American Journal of Sociology*, vol. 79, n° 3, 1973, p. 620-638.

Lalumière P., *Les Finances publiques*, Paris, Armand Colin, « U », 1976.

Lambert T. (dir.), *La Décentralisation fiscale jusqu'où ?*, Paris, L'Harmattan, « Finances publiques », 2004.

— « De la chrysalide aux papillons : les taxes professionnelles », *Revue Lamy des collectivités territoriales*, n° 11, 2006, p. 75-79.

Lambert A. et Migaud D., *La Mise en œuvre de la loi organique relative aux lois de finances*, rapport au gouvernement, 2005.

Le Bart C., *La Rhétorique du maire entrepreneur*, Paris, Pedone, 1992.

Le Duff R. et Orange G., « Essai de typologie du maire entrepreneur des grandes villes françaises », *in* Le Duff R. et Rigal J.-J., *Premières rencontres ville-management : le maire entrepreneur*, université de Pau et des Pays de l'Adour, 1997, p. 35-69.

— « Pour un management européen de nouveaux biens tutélaires : une extension de la loi de Baumol », 17ᵉ journées nationales des IAE, IAE de Lyon, 2004.

Le Duff R. et Rigal J.-J. (dir.), *Démocratie et management local*, Paris, Dalloz, 2004.

Lee S.S., Ram S. et Smith C.W., « Distributive effect of State subsidy to undergraduate education : the case of Illinois », *Economics of Education Review*, vol. 18, nᵒ 2, 1999, p. 213-221.

LeLoup L.T., « The myth of incrementalism : analytical choices in budgetary theory », *Policy*, vol. 10, 1978, p. 491-509.

Leroy M., « L'impôt sur le revenu entre idéologie et justice fiscale », *Politiques et management public*, vol. 14, nᵒ 4, 1996, p. 41-71.

— *La Logique financière de l'action publique conventionnelle dans le contrat de plan État-Région*, Paris, L'Harmattan, « Administration et aménagement du territoire », 2000.

— « Le contrat de plan État-Région de Rhône-Alpes » et « Le cadre financier de l'action publique régionale », *in* Jouve B., Spenlehauer V. et Warin P., *La Région laboratoire politique*, Paris, La Découverte, 2001.

— *La Sociologie fiscale*, Paris, PUF, « Que sais-je ? », 2002.

— « Pourquoi la sociologie fiscale ne bénéficie-t-elle pas d'une reconnaissance institutionnelle en France ? », *L'Année sociologique*, vol. 53, nᵒ 1, 2003, p. 247-274.

— « Sociologie du contribuable et évitement de l'impôt », *Archives européennes de sociologie*, vol. 2, 2003, p. 213-244.

— « Dix ans d'offre publique de service de proximité en France », *Annuaire des collectivités locales*, Éditions du CNRS, 2003, p. 21-34.

— « Réflexion sur le blocage de la réforme de la fiscalité locale », *in* Lambert T. (dir.), *La Décentralisation fiscale jusqu'où ?*, Paris, L'Harmattan, « Finances publiques », 2004, p. 21-45.

— « Quelle évaluation de la politique structurelle régionale pour l'élargissement de l'Europe ? », *Revue du Marché commun et de l'Union européenne*, nᵒ 477, 2004, p. 215-225.

— (dir.), *Regards croisés sur le système fiscal : Allemagne, France, Italie, Russie*, Paris, L'Harmattan, « Finances publiques », 2005.

— (dir.) *Fiscalité et Mondialisation. La globalisation fiscale*, Paris, L'Harmattan, « Finances publiques », 2006.

— « La régulation financière de l'action publique conventionnelle », *in* Leroy M. et Portal E.

(dir.), *Contrats, finances, territoires*, Paris, L'Harmattan, « Administration et aménagement du territoire », 2006, p. 15-39.

— « Sociologie financière de la culture », *in* ORSONI G. (dir.), *Le Financement de la culture*, Paris, Economica, 2007.

LEWIS A., *The Psychology of Taxation*, Oxford, Martin Robertson, 1982.

— « Public expenditure : perceptions and preferences », *Journal of Economic Psychology*, vol. 3, n° 2, 1983, p. 159-167.

LEWIS A. et JACKSON D., « Voting preferences and attitudes to public expenditure », *Political Studies*, vol. 33, 1985, p. 457-466.

LINDBLOM C.E., « The science of muddling through », *Public Administration Review*, vol. 19, 1959, p. 79-88.

LOIC P., « L'évolution de la jurisprudence constitutionnelle », *in* LAMBERT T. (dir.), *La Décentralisation fiscale jusqu'où ?*, Paris, L'Harmattan, « Finances publiques », 2004, p. 131-143.

LOWRY R.C., ALT J.E. et FERREE K.E., « Fiscal policy outcomes and electoral accountability in American States », *The American Political Science Review*, vol. 92, n° 4, 1998, p. 759-774.

LOWRY R.C. et POTOSKI M., « Organized interests and the politics of federal discretionary grants », *The Journal of Politics*, vol. 66, n° 2, 2004, p. 513-533.

MAHONEY M.S., KEMP S. et WEBLEY P., « Factors in lay preferences for government or private supply of services », *Journal of Economic Psychology*, vol. 26, n° 1, 2005, p. 73-87.

MAMOU Y., *Une machine de pouvoir : la direction du Trésor*, Paris, La Découverte, 1988.

MANN E.K., « The sociology of taxation », *The Review of Politics*, n° 5, 1943, p. 225-235.

MARSHALL T.H., *Citizen and Social Class*, Cambridge, Cambridge University Press, 1950.

MARTINEZ M.D., « Don't tax you, don't tax me, tax the fella behin the tree : partisan and turnout effects on tax policy », *Social Science Quarterly*, vol. 78, n° 4, 1997, p. 895-906.

MARTY F., TROSA S. et VOISIN A., *Les Partenariats public-privé*, Paris, La Découverte, « Repères », 2006.

MCNUTT P.A., *The Economics of Public Choice*, Cheltenham, Edward Elgar, 2002.

MÉDA D., « Le modèle nordique, une solution pour la France », *Les Grands Dossiers des sciences humaines*, septembre 2006, p. 74-76.

MERRIEN F.-X., « État et politiques sociales : contribution à une théorie néoinstitutionnaliste », *Sociologie du travail*, n° 3, 1990, p. 267-294.

MESSAGE H., « Peut-on mesurer le pouvoir budgétaire du Parlement ? », *Revue française de finances publiques*, n° 41, 1993, p. 14-29.

MEYER J., *Le Poids de l'État*, Paris, PUF, 1983.

MIAILLE M., *La Régulation entre droit et politique*, Paris, L'Harmattan, « Logiques juridiques », 1995.

MIDTBO T., « The impact of parties, economic growth, and public sector expansion : a comparison of long-term dynamics in the Scandinavian and Anglo-American democracies », *European Journal of Political Research*, vol. 35, n° 2, 1999, p. 199-223.

MILLER C., « Demographics and spending for public education : a test of interest group influence », *Economics of Education Review*, vol. 15, n° 2, 1996, p. 175-185.

MIRANDA R.A., « Post-machine regimes and the growth of government », *Urban Affairs Quarterly*, vol. 28, n° 3, 1993, p. 397-422.

MONTLIBERT C. DE, « L'évaluation des universités ou les effets de commérage institutionnalisé », *in* CRESAL, *Les Raisons de l'action publique, entre expertise et débat*, Paris, L'Harmattan, « Logiques politiques », 1993, p. 173-181.

MORELAND W., « A nonincremental perspective on budgetary policy actions », *in* RIPLEY R. et FRANKLIN G., *Policy Making in the Federal Executive Branch*, New York, Free Press, 1975, chapitre III.

MOURITZEN P.E., « The local political business cycle », *Scandinavian Political Studies*, n° 12, 1989, p. 37-55.

MUELLER E., « Public attitudes toward fiscal programs », *The Quarterly Journal of Economics*, 1963, vol. 77, p. 210-235.

MUSGRAVE R.A., *The Theory of Public Finance*, New York, Mc Graw-Hill, 1959.

MUSGRAVE R.A. et PEACOCK A.T., *Classics in the Theory of Public Finance*, New York, St Martin's Press, 1967.

NATCHEZ P.B. et BUPP I.C., « Policy and priority in the budgetary process », *American Political Science Review*, vol. 67, 1973, p. 951-963.

NEVERS J.Y., « Les villes et la crise. Situation financière dans dix pays », *Sciences de la société*, n° 31, 1994, p. 125-137.

NISKANEN W., *Bureaucracy and Representative Government*, Chicago, Aldine Atherton, 1971.

O'CONNOR J., *The Fiscal Crisis of the State*, New York, St Martin's Press, 1973.

OCDE, *Regards sur l'éducation*, OCDE, 2006.

OLSON M., *La Logique de l'action collective*, Paris, PUF, « Sociologies », 1978.

ORSONI G., *L'Interventionnisme fiscal*, Paris, PUF, « Fiscalité », 1995.

— « Les finances de l'État sont-elles encore les finances de l'État ? », *Mélanges Paul Amselek*, Bruxelles, Bruylant, 2005, p. 631-650.

— *Science et législation financières. Budgets publics et lois de finances*, Paris, Economica, 2005.

Orsoni G. et Pichon A., *Les Chambres régionales et territoriales des comptes, 20ᵉ anniversaire*, Paris, LGDJ, « Décentralisation et développement local », 2004.

Oudin J., *Chambres régionales des comptes et élus locaux*, rapport au Sénat, n° 520, 1998.

Page E.C., Goldsmith M. et Kousgaard P., « Time, parties and budgetary change : fiscal decisions in English Cities, 1974-1988 », *British Journal of Political Science*, vol. 20, n° 1, 1990, p. 43-61.

Palier B. et Bonoli G., « Entre Bismarck et Beveridge, crise de la Sécurité sociale et politique(s) », *Revue française de science politique*, vol. 45, n° 4, 1995, p. 668-699.

Palier B., *Gouverner la Sécurité sociale*, Paris, PUF, « Le lien social », 2002.

Pampel F.C., « Population aging, class context, and age inequality in public spending », *American Journal of Sociology*, vol. 100, n° 1, 1994, p. 153-195.

Parker D. et Hartley K., « Transaction costs, relational contracting and public private partnership : a case study of UK defence », *Journal of Purchasing and Supply Management*, vol. 9, n° 3, 2003, p. 97-103.

Paugam S., *La Disqualification sociale. Essai sur la nouvelle pauvreté*, Paris, PUF, 1991.

Peacock A.T. et Wiseman J., *The Growth of Public Expenditure in the United Kingdom*, Londres, Allen and Unwin, 1967.

Pereira A.M., « EU structural transfers and economic performance in Portugal », *Public Finance*, vol. 53, 1998, p. 53-77.

Pérez C.C., Hernandez A.M. et Bolivar M.P., « Citizens' access to on-line governmental financial information : practices in the European Union countries », *Government Information Quarterly*, vol. 22, n° 2, 2005, p. 258-276.

Picheral J.-B., « Le budget participatif. Un processus démocratique, précis et évolutif », *Territoires*, mars 2001, p. 6-9.

Pierson P., *Dismantling the Welfare State ? Reagan, Thatcher and the Politics of Retrenchment*, Cambridge, Cambridge University Press, 1994.

Pommerehne W.W. et Weck-Hannemann H., « Tax rates, tax administration and income tax evasion in Switzerland », *Public Choice*, vol. 88, 1996, p. 161-170.

Potoski M. et Talbert J., « The dimensional structure of policy outputs : distributive policy and roll call voting », *Political Research Quarterly*, vol. 53, n° 4, 2000, p. 695-710.

Pretot X., « L'évolution des finances sociales. Quelques réflexions d'ordre économique, juridique et politique », *Revue française de finances publiques*, n° 87, 2004, p. 129-145.

Rawls J., *Théorie de la justice*, Paris, Seuil, 1987.

Rodden J., « The dilemma of fiscal federalism : grants and fiscal performance around the world », *American Journal of Political Science*, vol. 46, n° 3, 2002, p. 670-687.

Rosanvallon P., *La Crise de l'État-providence*, Paris, Seuil, « Points », 1981.

Rose R. et Davies P.L., *Inheritance in Public Choice without Choice in Britain*, Yale University Press, New Haven, 1994.

Rosenberg J., « Rationality and the political business cycle : the case of local government », *Public Choice*, n° 73, 1992, p. 71-81.

Rossi P.H. et Wright S.R., « L'évaluation : appréciation de la théorie, de la pratique et des aspects politiques », *Politiques et management public*, vol. 12, n° 4, 1994, p. 93-139.

Rudra N., « Globalization and the decline of the Welfare State in less-developed countries », *International Organization*, vol. 56, n° 2, 2002, p. 411-445.

Salanick G.R. et Pfeffer J., « Constraints on administration discretion. The limited influence of mayors on city budgets », *Urban Affairs Quarterly*, vol. 12, n° 4, 1977, p. 474-498.

Sapir A., *An Agenda for a Growing Europe, Making the EU Economic System Deliver*, rapport à la Commission, 2003.

Schady N.R., « The political economy of expenditures by the Peruvian social fund (Foncodes), 1991-1995 », *American Political Science Review*, vol. 94, n° 2, 2000, p. 289-304.

Scharpf F., « The viability of advanced Welfare States in international economy : vulnerabilities and options », *Journal of European Public Policy*, vol. 7, n° 2, 2000, p. 190-228.

Schmitter Ph., « Still the century of corporatism ? », *Review of Politics*, vol. 36, 1974, p. 85-103.

Schmölders G., *Psychologie des finances et de l'impôt*, Paris, PUF, 1973.

Schokkaert E., « Preferences and demands for local public spending », *Journal of Public Economics*, vol. 34, n° 2, 1987, p. 175-188.

Schulz T.P., « School subsidies for the poor : evaluating the Mexican progresa poverty program », *Journal of Development Economics*, vol. 74, n° 1, 2004, p. 199-250.

Schumpeter J., « La crise de l'État fiscal », *Impérialisme et classes sociales*, Paris, Flammarion, 1984, p. 229-282 (1re éd. 1918).

Sen A., *Repenser l'inégalité*, Paris, Seuil, 2000.

— *Un nouveau modèle économique*, Paris, Odile Jacob, 2000.

Sénat, *Les Fonds structurels européens 2000-2006 à la croisée des chemins*, Paris, Sénat, 2003.

— *Les Dégrèvements d'impôts locaux*, Paris, Sénat, 2003.

— *Les Objectifs et indicateurs de la LOLF*, Paris, Sénat, 2005.

Sharkansky I., « Agency requests, gubernatorial support and budget success in state legislatures », *American Political Science Review*, vol. 62, 1968, p. 1222-1243.

Siné A., *L'Ordre budgétaire*, thèse de l'ENS Cachan, 2003.

Snelson G., « Milton-Keynes (Royaume-Uni), référendum budgétaire », *Territoires*, mars 2001, p. 25.

Steensland B., « Cultural categories and the American Welfare State : the case of guaranteed income policy », *American Journal of Sociology*, vol. 111, n° 5, 2006, p. 1273-1326.

Steinmo S., « Globalization and taxation. challenges to the Swedish Welfare State », *Comparative Political Studies*, vol. 35, n° 7, 2002, p. 839-862.

Stigler G., « Economic competition and political competition », *Public Choice*, vol. 13, 1972, p. 91-106.

Stiglitz J.E., *La Grande Désillusion*, Paris, Fayard, 2002.

— *Un autre monde. Contre le fanatisme du marché*, Paris, Fayard, 2006.

Strate J., Wolman H. et Melchior A., « Are there election-driven tax-and-expenditure cycles for urban governments », *Urban Affairs Quarterly*, n° 28, 1993, p. 462-479.

Svallfors S., « The end of class politics ? Structural cleavages and attitudes to Swedish Welfare policies », *Acta Sociologica*, vol. 38, n° 1, 1995, p. 53-74.

Svank D. et Steinmo S., « The new political economy of taxation in advanced capitalist democracies », *American Journal of Political Science*, vol. 46, n° 3, 2002, p. 642-653.

Taylor-Gooby P., Dean H., Munro M. et Parker G., « Risk and the Welfare State », *British Journal of Sociology*, vol. 50, n° 2, 1999, p. 177-194.

Thompson L. et Elling R.C., « Mapping patterns of support for privatization in the mass public : the case of Michigan », *Public Administration Review*, vol. 60, n° 4, 2000, p. 338-348.

Tocqueville A. de, *De la démocratie en Amérique*, Paris, Laffont, « Bouquins », 1986 (1re éd. 1835).

Torgler B., « To evade taxes or not to evade : that is the question », *Journal of Socio-Economics*, vol. 32, 2003, p. 283-302.

— « Cross-culture comparison of tax morale and tax compliance : evidence from Costa Rica and Switzerland », *International Journal of Comparative Sociology*, vol. 45, 2004, p. 17-43.

Tsebelis G., « Decision making in political systems : veto players in presidentialism, parliamentarism, multicameralism and multipartyism », *British Journal of Political Science*, vol. 25, 1995, p. 228-235.

— « Veto players and law production in parliamentary democracies : an empirical analysis », *American Political Science Review*, vol. 93, 1999, p. 591-608.

TULLOCK G., *Le Marché politique*, Paris, Economica, 1978.

WAGENER H.J., « The Welfare State in transition economies and accession to the EU », *West European Politics*, vol. 25, n° 2, 2002, p. 152-174.

WAGNER A., *Traité de science des finances*, Paris, Giard et Brière, 1912.

— « Three extracts on public finance », *in* MUSGRAVE R.A. et PEACOCK A.T., *Classics in the Theory of Public Finance*, New York, St Martin's Press, 1967, p. 1-15.

WEBBER C. et WILDAVSKY A., *A History of Taxation and Expenditure in the Western World*, New York, Simon and Shuster, 1986.

WELCH S., « "The more for less" paradox : public attitudes on taxing and spending », *Public Opinion Quarterly*, vol. 49, 1985, p. 310-316.

WENZEL M., « An analysis of norm process in tax », *Journal of Economic Psychology*, vol. 25, n° 2, 2004, p. 213-228.

— « Motivation or rationalisation ? Causal relations between ethics, norms and tax compliance », *Journal of Economic Psychology*, vol. 26, n° 4, 2005, p. 491-508.

WHITE S., « Review article : social rights and the social contracts.

Political theory and the new Welfare State politics », *British Journal Political Science*, vol. 30, n° 3, 2000, p. 507-522.

WILDAVSKY A., *The Politics of the Budgetary Process*, Boston, Little Brown, 1964 (2ᵉ éd. 1979).

— *Budgeting : A Comparative Theory of Budgetary Processes*, Boston, Little Brown, 1975.

— « A cultural theory of expenditure growth and (un) balanced budgets », *Journal of Public Economics*, vol. 28, 1985, p. 349-357.

WINTER S. et MOURITZEN P.E., « Why people want something for nothing : the role of asymmetrical illusions », *European Journal of Political Research*, vol. 39, n° 1, 2001, p. 109-143.

WODON Q. et YITZHAKI S., « Evaluating the impact of government programs on social Welfare : the role of targeting and the allocation rules among program beneficiaries », *Public Finance*, vol. 30, n° 2, 2002, p. 102-123.

WOLFESBERGER A., « Croissance économique, conflits sociaux et dépenses publiques », *Vie politique et sciences économiques*, n° 77, avril 1978, p. 46 et suiv.

WORMS J.-P., « Le préfet et ses notables », *Sociologie du travail*, juillet 1966, p. 249-275.

ZOLLER E., « Les pouvoirs budgétaires du Congrès des États-Unis », *Revue française de finances publiques*, n° 86, 2004, p. 267-308.

Table des matières

Introduction   3
  ☐ Encadré : *L'histoire financière de l'État moderne, 4*

I   Sociologie de l'État dépensier

Tocqueville et les dépenses de la démocratie   7
  La méthode de Tocqueville, 8
  Les variables de la dépense démocratique, 9
  La réfutation des objections, 11
    ☐ Encadré : *Les approches économiques
    des dépenses publiques, 12*
Les facteurs externes des dépenses publiques   14
  Les groupes d'intérêt, 14
    ☐ Encadré : *L'influence de la taille des groupes, 16*
  Le clivage gauche-droite, 16
  La critique de l'école des choix publics, 18
  La théorie culturelle des budgets de Wildavsky, 19
Le financement de l'État-providence   20
  Les causes du développement de la protection sociale, 20
    ☐ Encadré : *La typologie d'Esping-Andersen, 21*
    ☐ Encadré : *L'attachement des citoyens
    à la protection sociale, 22*
  La crise financière, 23
  L'impact de la mondialisation, 23
    ☐ Encadré : *L'éthique de la protection sociale, 24*
  La dégradation de la situation des pays pauvres, 25
    ☐ Encadré : *Les effets de la mondialisation
    selon les indicateurs retenus, 26*
  Quel modèle social pour l'Europe ?, 27

II Sociologie de la décision budgétaire

L'évolution du système financier   31
   Les mutations des finances de l'État, 31
   Les mutations des finances locales et communautaires, 32
      ☐ Encadré : *Les facteurs de la privatisation, 33*
      ☐ Encadré : *Les relations financières, État/collectivités locales, 34*
   Les partenariats financiers, 35
      ☐ Encadré : *La gouvernance à l'épreuve des cofinancements*
         du contrat de plan, 37
Théories de la contrainte ou choix budgétaires   37
      ☐ Encadré : *Les contraintes de l'environnement, 38*
      ☐ Encadré : *Les* veto points, *40*
   Les cycles politico-économiques, 40
   Les petits ajustements de l'incrémentalisme, 41
   La discussion de l'incrémentalisme, 41
      ☐ Encadré : *L'étude empirique de l'incrémentalisme, 42*
   Les changements de politique budgétaire, 44
   La performance dans la LOLF française, 46
Le pouvoir des acteurs financiers   49
   L'influence des maires sur les budgets, 49
   Le ministère des Finances, 50
      ☐ Encadré : *L'échec de la réforme du ministère italien*
         des Finances (1993), 53
      ☐ Encadré : *La séparation de l'économie et des finances*
         au Japon, 54
   Le Parlement, 54
      ☐ Encadré : *Le pouvoir du Parlement en Grande-Bretagne, 55*
   Le contrôle des chambres régionales des comptes
   (France), 56
      ☐ Encadré : *Le pouvoir du Congrès aux États-Unis, 57*

III La régulation financière de l'action publique

Sociologie des procédures régionales de financement   61
   La formation continue, 62
   Les politiques territoriales, 63
   L'expérimentation des transports ferroviaires, 65
La régulation financière de l'action publique
   conventionnelle   67
   La logique de référence du contrat de plan, 68
   L'État régulateur de l'aménagement du territoire, 69
      ☐ Encadré : *Les règles sociologiques de la négociation*
         du contrat de plan, 70
   La négociation contractuelle, 72

L'Europe des marchandages financiers   73
     Le régime des fonds structurels, 74
     Les petits calculs des gouvernements, 76

IV La démocratie financière

L'information financière   81
     Trois fonctions sociologiques de l'information financière, 82
     Information scientifique et expertise, 83
         ☐ Encadré : *Les finances publiques dans la presse écrite,*
         Internet, 85
     L'évaluation financière, 85
Le citoyen et les finances publiques   90
     L'approche cognitive, 90
     Les attentes des citoyens, 91
         ☐ Encadré : *L'altruisme des citoyens, 94*
     La participation du citoyen, 95

Conclusion   99

Repères bibliographiques   101

Collection

R E P È R E S

dirigée par

Jean-Paul Piriou (de 1987 à 2004), *puis par* Pascal Combemale,

avec Stéphane Beaud, André Cartapanis, Bernard Colasse, Françoise Dreyfus, Yannick L'Horty, Philippe Lorino, Dominique Merllié, Christophe Prochasson, Michel Rainelli et Yves Winkin.

ÉCONOMIE

Aide publique au développement (L'), n° 476, Olivier Charnoz et Jean-Michel Severino.

Allocation universelle (L'), n° 412, Philippe Van Parijs et Yannick Vanderborght.

Balance des paiements (La), n° 359, Marc Raffinot et Baptiste Venet.

Bourse (La), n° 317, Daniel Goyeau et Amine Tarazi.

Budget de l'État (Le), n° 33, Maurice Baslé.

Calcul économique (Le), n° 89, Bernard Walliser.

Capitalisme financier (Le), n° 356, Laurent Batsch.

Capitalisme historique (Le), n° 29, Immanuel Wallerstein.

Chômage (Le), n° 22, Jacques Freyssinet.

Commerce international (Le), n° 65, Michel Rainelli.

Comptabilité nationale (La), n° 57, Jean-Paul Piriou.

Concurrence imparfaite (La), n° 146, Jean Gabszewicz.

Consommation des Français (La) :
1. n° 279 ;
2. n° 280, Nicolas Herpin et Daniel Verger.

Coût du travail et emploi, n° 241, Jérôme Gautié.

Croissance et richesse des nations, n° 419, Pascal Petit.

Démographie (La), n° 105, Jacques Vallin.

Développement soutenable (Le), n° 425, Franck-Dominique Vivien.

Développement économique de l'Asie orientale (Le), n° 172, Éric Bouteiller et Michel Fouquin.

Différenciation des produits (La), n° 470, Jean Gabszewicz.

Dilemme du prisonnier (Le), n° 451, Nicolas Eber.

Économie des changements climatiques, n° 414, Sylvie Faucheux et Haitham Joumni.

Économie bancaire, n° 268, Laurence Scialom.

Économie britannique depuis 1945 (L'), n° 111, Véronique Riches.

Économie de l'Afrique (L'), n° 117, Philippe Hugon.

Économie de l'éducation, n° 409, Marc Gurgand.

Économie de l'environnement, n° 252, Pierre Bontems et Gilles Rotillon.

Économie de l'euro, n° 336, Agnès Benassy-Quéré et Benoît Cœuré.

Économie française 2007 (L'), n° 463, OFCE.

Économie de l'innovation, n° 259, Dominique Guellec.

Économie de la Chine (L'), n° 378, Françoise Lemoine.

Économie de la connaissance (L'), n° 302, Dominique Foray.

Économie de la culture (L'), n° 192, Françoise Benhamou.

Économie de la distribution, n° 372, Marie-Laure Allain et Claire Chambolle.

Économie de la drogue, n° 213, Pierre Kopp.

Économie de la firme, n° 361, Bernard Baudry.

Économie de la propriété intellectuelle, n° 375, François Lévêque et Yann Ménière.

Économie de la qualité, n° 390, Bénédicte Coestier et Stéphan Marette.

Économie de la réglementation (L'), n° 238, François Lévêque.

Économie de la RFA (L'), n° 77, Magali Demotes-Mainard.

Économie de la Russie (L'), n° 436, Françoise Benaroya.

Économie de l'Inde (L'), n° 443, Jean-Joseph Boillot.

Économie des États-Unis (L'), n° 341, Hélène Baudchon et Monique Fouet.

Économie des fusions et acquisitions, n° 362, Nathalie Coutinet et Dominique Sagot-Duvauroux.

Économie des inégalités (L'), n° 216, Thomas Piketty.

Économie des logiciels, n° 381, François Horn.

Économie des organisations (L'), n° 86, Claude Menard.

Économie des relations interentreprises (L'), n° 165, Bernard Baudry.

Économie des réseaux, n° 293, Nicolas Curien.

Économie des ressources humaines, n° 271, François Stankiewicz.

Économie des ressources naturelles, n° 406, Gilles Rotillon.

Économie du droit, n° 261, Thierry Kirat.

Économie du Japon (L'), n° 235, Évelyne Dourille-Feer.

Économie du risque pays, n° 421, Nicolas Meunier et Tania Sollogoub.

Économie du sport (L'), n° 309, Jean-François Bourg et Jean-Jacques Gouguet.

Économie et écologie, n° 158, Franck-Dominique Vivien.

Économie expérimentale (L'), n° 423, Nicolas Eber et Marc Willinger.

Économie informelle dans le tiers monde, n° 155, Bruno Lautier.

Économie institutionnelle (L'), n° 472, Bernard Chavance.

Économie marxiste du capitalisme, n° 349, Gérard Duménil et Dominique Lévy.

Économie mondiale 2007 (L'), n° 462, CEPII.

Économie politique de l'entreprise, n° 392, François Eymard-Duvernay.

Économie postkeynésienne, n° 384, Marc Lavoie.

Efficience informationnelle des marchés financiers (L'), n° 461, Sandrine Lardic et Valérie Mignon.

Emploi en France (L'), n° 68, Dominique Gambier et Michel Vernières.

Éthique économique et sociale, n° 300, Christian Arnsperger et Philippe Van Parijs.

France face à la mondialisation (La), n° 248, Anton Brender.

France face aux marchés financiers (La), n° 385, Anton Brender.

Grandes économies européennes (Les), n° 256, Jacques Mazier.

Histoire de l'Europe monétaire, n° 250, Jean-Pierre Patat.

Incertitude dans les théories Économiques (L'), n° 379, Nathalie Moureau et Dorothée Rivaud-Danset.

Industrie française (L'), n° 85, Michel Husson et Norbert Holcblat.

Inflation et désinflation, n° 48, Pierre Bezbakh.

Introduction aux théories économiques, n° 262, Françoise Dubœuf.

Introduction à Keynes, n° 258, Pascal Combemale.

Introduction à la macroéconomie, n° 344, Anne Épaulard et Aude Pommeret.

Introduction à la microéconomie, n° 106, Gilles Rotillon.

Introduction à l'économie de Marx, n° 114, Pierre Salama et Tran Hai Hac.

Investisseurs institutionnels (Les), n° 388, Aurélie Boubel et Fabrice Pansard.

FMI (Le), n° 133, Patrick Lenain.

Lexique de sciences économiques et sociales, n° 202, Jean-Paul Piriou et Denis Clerc.

Libéralisme de Hayek (Le), n° 310, Gilles Dostaler.

Lire l'économétrie, n° 460, Luc Behaghel.

Macroéconomie. Investissement (L'), n° 278, Patrick Villieu.

Macroéconomie. Consommation et épargne, n° 215, Patrick Villieu.

Macroéconomie financière :
1. Finance, croissance et cycles, n° 307 ;
2. Crises financières et régulation monétaire, n° 308, Michel Aglietta.

Marchés du travail en Europe (Les), n° 291, IRES.

Marchés financiers internationaux (Les), n° 396, André Cartapanis.

Mathématiques des modèles dynamiques, n° 325, Sophie Jallais.

Microéconomie des marchés du travail, n° 354, Pierre Cahuc, André Zylberberg.

Modèles productifs (Les), n° 298, Robert Boyer et Michel Freyssenet.

Mondialisation et délocalisation des entreprises, n° 413, El Mouhoub Mouhoud.

Mondialisation et l'emploi (La), n° 343, Jean-Marie Cardebat.

Monnaie et ses mécanismes (La), n° 295, Dominique Plihon.

Multinationales globales (Les), n° 187, Wladimir Andreff.

Mutations de l'emploi en France (Les), n° 432, IRES.

Notion de risque en économie (La), n° 444, Pierre-Charles Pradier.

Nouvelle histoire économique de la France contemporaine :
1. L'économie préindustrielle (1750-1840), n° 125, Jean-Pierre Daviet.
2. L'industrialisation (1830-1914), n° 78, Patrick Verley.
3. L'économie libérale à l'épreuve (1914-1948), n° 232, Alain Leménorel.
4. L'économie ouverte (1948-1990), n° 79, André Gueslin.

Nouvelle économie (La), n° 303, Patrick Artus.

Nouvelle économie chinoise (La), n° 144, Françoise Lemoine.

Nouvelle microéconomie (La), n° 126, Pierre Cahuc.

Nouvelle théorie du commerce international (La), n° 211, Michel Rainelli.

Nouvelles politiques de l'emploi (Les), n° 454, Yannick L'Horty.

Nouvelles théories de la croissance (Les), n° 161, Dominique Guellec et Pierre Ralle.

Nouvelles théories du marché du travail (Les), n° 107, Anne Perrot.

Nouveau capitalisme (Le), n° 370, Dominique Plihon.

Nouveaux indicateurs de richesse (Les), n° 404, Jean Gadrey et Florence Jany-Catrice.

Organisation mondiale du commerce (L'), n° 193, Michel Rainelli.

Paradis fiscaux (Les), n° 448, Christian Chavagneux et Ronen Palan.

Partenariats public-privé (Les), n° 441, F. Marty, S. Trosa et A. Voisin.

Politique agricole commune (La), n° 480, Jean-Christophe Bureau.

Politique de la concurrence (La), n° 339, Emmanuel Combe.

Politique monétaire (La), n° 479, Christian Bordes.

Politiques de l'emploi et du marché du travail (Les), n° 373, DARES.

Population française (La), n° 75, Jacques Vallin.

Population mondiale (La), n° 45, Jacques Vallin.

Produits financiers dérivés, n° 422, Yves Jégourel.

Protection sociale (La), n° 72, Numa Murard.

Protectionnisme (Le), n° 322, Bernard Guillochon.

Qualité de l'emploi (La), n° 456, CEE.

Quel avenir pour nos retraites ? n° 289, Gaël Dupont et Henri Sterdyniak.

Régionalisation de l'économie mondiale (La), n° 288, Jean-Marc Siroën.

Revenu minimum garanti (Le), n° 98, Chantal Euzéby.

Revenus en France (Les), n° 69, Yves Chassard et Pierre Concialdi.

Socio-économie des services, n° 369, Jean Gadrey.

Système monétaire international (Le), n° 97, Michel Lelart.

Taux de change (Les), n° 103, Dominique Plihon.

Taux d'intérêt (Les), n° 251, A. Bénassy-Quéré, L. Boone et V. Coudert.

Taxe Tobin (La), n° 337, Yves Jégourel.

Théorie de la régulation (La), n° 395, Robert Boyer.

Théorie économique néoclassique (La) :
1. Microéconomie, n° 275,
2. Macroéconomie, n° 276, Bernard Guerrien.

Théories de la monnaie (Les), n° 226, Anne Lavigne et Jean-Paul Pollin.

Théories des crises économiques (Les), n° 56, Bernard Rosier et Pierre Dockès.

Théories du salaire (Les), n° 138, Bénédicte Reynaud.

Théories économiques du développement (Les), n° 108, Elsa Assidon.

Travail des enfants dans le monde (Le), n° 265, Bénédicte Manier.

Travail et emploi en Europe, n° 417, John Morley, Terry Ward et Andrew Watt.

Urbanisation du monde (L'), n° 447, Jacques Véron.

SOCIOLOGIE

Bouddhisme en Occident (Le), n° 478, Lionel Obadia.

Capital social (Le), n° 458, Sophie Ponthieux.

Catégories socioprofessionnelles (Les), n° 62, Alain Desrosières et Laurent Thévenot.

Conditions de travail (Les), n° 301, Michel Gollac et Serge Volkoff.

Critique de l'organisation du travail, n° 270, Thomas Coutrot.

Culture matérielle (La), n° 431, Marie-Pierre Julien et Céline Rosselin.

Démocratisation de l'enseignement (La), n° 345, Pierre Merle.

Économie sociale (L'), n° 148, Claude Vienney.

Enseignement supérieur en France (L'), n° 429, Maria Vasconcellos.

Ergonomie (L'), n° 43, Françoise Darses et Maurice de Montmollin.

Étudiants (Les), n° 195, Olivier Galland et Marco Oberti.

Féminin, masculin, n° 389, Michèle Ferrand.

Formation professionnelle continue (La), n° 28, Claude Dubar.

Histoire de la sociologie :
1. Avant 1918, n° 109,
2. Depuis 1918, n° 110, Charles-Henry Cuin et François Gresle.

Histoire du féminisme, n° 338, Michèle Riot-Sarcey.

Histoire du travail des femmes, n° 284, Françoise Battagliola.

Insécurité en France (L'), n° 353, Philippe Robert.

Intérim (L'), n° 475, Dominique Glaymann.

Introduction aux *Science Studies*, n° 449, Dominique Pestre.

Jeunes (Les), n° 27, Olivier Galland.

Jeunes et l'emploi (Les), n° 365, Florence Lefresne.

Méthode en sociologie (La), n° 194, Jean-Claude Combessie.

Méthodes de l'intervention psychosociologique (Les), n° 347, Gérard Mendel et Jean-Luc Prades.

Méthodes en sociologie (Les) : l'observation, n° 234, Henri Peretz.

Métiers de l'hôpital (Les), n° 218, Christian Chevandier.

Mobilité sociale (La), n° 99, Dominique Merllié et Jean Prévot.

Modernisation des entreprises (La), n° 152, Danièle Linhart.

Multiculturalisme (Le), n° 401, Milena Doytcheva.

Notion de culture dans les sciences sociales (La), n° 205, Denys Cuche.

Nouveau système français de protection sociale (Le), n° 382, Jean-Claude Barbier et Bruno Théret.

Personnes âgées (Les), n° 224, Pascal Pochet.

Pouvoir des grands (Le). *De l'influence de la taille des hommes sur leur statut social*, n° 469, Nicolas Herpin.

Santé des Français (La), n° 330, Haut comité de la santé publique.

Sciences de l'éducation (Les), n° 129, Éric Plaisance et Gérard Vergnaud.

Société du risque (La), n° 321, Patrick Peretti Watel.

Sociologie de Durkheim (La), n° 154, Philippe Steiner.

Sociologie de Erving Goffman (La), n° 416, Jean Nizet et Natalie Rigaux.

Sociologie de Georg Simmel (La), n° 311, Frédéric Vandenberghe.

Sociologie de l'alimentation, n° 468, F. Régnier, A. Lhuissier et S. Gojard.

Sociologie de l'architecture, n° 314, Florent Champy.

Sociologie de l'argent (La), n° 473, Damien de Blic et Jeanne Lazarus.

Sociologie de l'art, n° 328, Nathalie Heinich.

Sociologie de l'éducation, n° 169, Marlaine Cacouault et Françoise Œuvrard.

Sociologie de l'emploi, n° 132, Margaret Maruani et Emmanuèle Reynaud.

Sociologie de l'immigration, n° 364, Andrea Rea et Maryse Tripier.

Sociologie de l'organisation sportive, n° 281, William Gasparini.

Sociologie de la bourgeoisie, n° 294, Michel Pinçon et Monique Pinçon-Charlot.

Sociologie de la consommation, n° 319, Nicolas Herpin.

Sociologie de la lecture, n° 376, Chantal Horellou-Lafarge et Monique Segré.

Sociologie de la négociation, n° 350, Reynald Bourque et Christian Thuderoz.

Sociologie de la prison, n° 318, Philippe Combessie.

Sociologie de la ville, n° 331, Yankel Fijalkow.

Sociologie de Marx (La), n° 173, Jean-Pierre Durand.

Sociologie de Max Weber (La), n° 452, Catherine Colliot-Thélène.

Sociologie de Norbert Elias (La), n° 233, Nathalie Heinich.

Sociologie de Paris, n° 400, Michel Pinçon et Monique Pinçon-Charlot.

Sociologie des cadres, n° 290, Paul Bouffartigue et Charles Gadea.

Sociologie des changements sociaux (La), n° 440, Alexis Trémoulinas.

Sociologie des chômeurs, n° 173, Didier Demazière.

Sociologie des comportements sexuels, n° 221, Maryse Jaspard.

Sociologie des employés, n° 142, Alain Chenu.

Sociologie des entreprises, n° 210, Christian Thuderoz.

Sociologie des mouvements sociaux, n° 207, Erik Neveu.

Sociologie des organisations, n° 249, Lusin Bagla.

Sociologie des pratiques culturelles, n° 418, Philippe Coulangeon.

Sociologie des publics, n° 366, Jean-Pierre Esquenazi.

Sociologie des relations professionnelles, n° 186, Michel Lallement.

Sociologie des réseaux sociaux, n° 398, Pierre Mercklé.

Sociologie des syndicats, n° 304, Dominique Andolfatto et Dominique Labbé.

Sociologie du crime (La), n° 435, Philippe Robert.

Sociologie du droit, n° 282,
Évelyne Séverin.
Sociologie du sida, n° 355,
Claude Thiaudière.
Sociologie du sport, n° 164,
Jacques Defrance.
Sociologie du travail (La),
n° 257, Sabine Erbès-Seguin.
Sociologie économique (La),
n° 274, Philippe Steiner.
Sociologie et anthropologie de
Marcel Mauss, n° 360,
Camille Tarot.

Sondages d'opinion (Les),
n° 38, Hélène Meynaud
et Denis Duclos.
Syndicalisme enseignant (Le),
n° 212, Bertrand Geay.
Système éducatif (Le), n° 131,
Maria Vasconcellos.
Théories sociologiques de la
famille (Les), n° 236,
Catherine Cicchelli-Pugeault
et Vincenzo Cicchelli.
Travail et emploi des femmes,
n° 287, Margaret Maruani.

Travailleurs sociaux (Les),
n° 23, Jacques Ion
et Bertrand Ravon.

Urbanisme (L'), n° 96,
Jean-François Tribillon.

Violences contre les femmes
(Les), n° 424,
Maryse Jaspard.

SCIENCES POLITIQUES-DROIT

Aménagement du territoire
(L'), n° 176,
Nicole de Montricher.
Collectivités locales (Les),
n° 242, Jacques Hardy.
Constitutions françaises (Les),
n° 184, Olivier Le Cour
Grandmaison.
Construction européenne (La),
n° 326, Guillaume Courty
et Guillaume Devin.
Décentralisation (La), n° 44,
Xavier Greffe.
DOM-TOM (Les), n° 151,
Gérard Belorgey
et Geneviève Bertrand.
Droits de l'homme (Les),
n° 333, Danièle Lochak.
Droit du travail (Le), n° 230,
Michèle Bonnechère.
Droit international
humanitaire (Le), n° 196,
Patricia Buirette.
Droit pénal, n° 225,
Cécile Barberger.
Économie politique
internationale, n° 367,
Christian Chavagneux.
Évaluation des politiques
publiques (L'), n° 329,
Bernard Perret.
Femmes en politique, n° 455,
Catherine Achin
et Sandrine Lévêque.
Fonction publique (La), n° 189,
Luc Rouban.
Gouvernance de la
mondialisation (La), n° 403,
Jean-Christophe Graz.

Groupes d'intérêt (Les),
n° 453, Guillaume Courty.
Histoire de l'administration,
n° 177, Yves Thomas.
Histoire des idées politiques en
France au XIXᵉ siècle, n° 243,
Jérôme Grondeux.
Histoire des idées socialistes,
n° 223, Noëlline Castagnez.
Histoire du Parti communiste
français, n° 269,
Yves Santamaria.
Introduction à Castoriadis,
n° 471, Jean-Louis Prat.
Introduction à la philosophie
politique, n° 197,
Christian Ruby.
Introduction à Marx, n° 467,
Pascal Combemale.
Introduction au droit, n° 156,
Michèle Bonnechère.
Islam (L'), n° 82,
Anne-Marie Delcambre.
Justice en France (La), n° 116,
Dominique Vernier.
Notion de société civile (La),
n° 482, Gautier Pirotte.
Nouvelle Constitution
européenne (La), n° 380,
Jacques Ziller.
ONG (Les), n° 386,
Philippe Ryfman.
ONU (L'), n° 145,
Maurice Bertrand.
Philosophie de Marx (La),
n° 124, Étienne Balibar.

Politique de la famille (La),
n° 352, Jacques Commaille,
Pierre Strobel
et Michel Villac.
Postcommunisme en Europe
(Le), n° 266, François Bafoil.
Régime politique de la
Vᵉ République (Le), n° 253,
Bastien François.
Régimes politiques (Les),
n° 244,
Arlette Heymann-Doat.
Socialisme libéral (Le), n° 466,
Serge Audier.
Sociologie historique du
politique, n° 209,
Yves Déloye.
Sociologie des finances
publiques, n° 481,
Marc Leroy.
Sociologie des relations
internationales, n° 335,
Guillaume Devin.
Sociologie de la vie politique
française, n° 402,
Michel Offerlé.
Sociologie du phénomène
Le Pen, n° 428,
Jacques Le Bohec.
Syndicalisme en France depuis
1945 (Le), n° 143,
René Mouriaux.
Théories de la république
(Les), n° 399, Serge Audier.
Union européenne (L'), n° 170,
Jacques Léonard
et Christian Hen.
Utopies et utopistes, n° 484,
Thierry Paquot.

HISTOIRE

Affaire Dreyfus (L'), n° 141,
Vincent Duclert.

Archives (Les), n° 324,
Sophie Cœuré
et Vincent Duclert.

Catholiques en France depuis
1815 (Les), n° 219,
Denis Pelletier.

Chronologie de la France au
XXᵉ siècle, n° 286,
Catherine Fhima.

État et les cultes (L').
1789-1905-2005, n° 434,
Jacqueline Lalouette.
Franc-maçonneries (Les),
n° 397, Sébastien Galceran.
Front populaire (Le), n° 342,
Frédéric Monier.

Guerre froide (La), n° 351,
Stanislas Jeannesson.

Harkis (Les), n° 442, Tom
Charbit.

Histoire de l'Algérie coloniale,
1830-1954, n° 102,
Benjamin Stora.

Histoire de l'Algérie depuis
l'indépendance,
1. 1962-1988, n° 316,
Benjamin Stora.

Histoire de l'immigration,
n° 327, Marie-Claude
Blanc-Chaléard.

Histoire de l'URSS, n° 150,
Sabine Dullin.

Histoire de la guerre d'Algérie,
1954-1962, n° 115,
Benjamin Stora.

Histoire de la Turquie
contemporaine, n° 387,
Hamit Bozarslan.

Histoire des États-Unis depuis
1945 (L'), n° 104,
Jacques Portes.

Histoire des sciences
biomédicales, n° 465,
Jean-Paul Gaudillière.

Histoire du Maroc depuis
l'indépendance, n° 346,
Pierre Vermeren.

Histoire du parti socialiste,
n° 222, Jacques Kergoat.

Histoire du radicalisme, n° 139,
Gérard Baal.

Histoire en France (L'), n° 84,
Collectif.

Histoire politique de la
IIIᵉ République, n° 272,
Gilles Candar.

Histoire politique de la
IVᵉ République, n° 299,
Éric Duhamel.

Introduction à la
socio-histoire, n° 437,
Gérard Noiriel.

Introduction à l'histoire de la
France au XXᵉ siècle, n° 285,
Christophe Prochasson.

Judaïsme (Le), n° 203,
Régine Azria.

Pierre Mendès France, n° 157,
Jean-Louis Rizzo.

Politique étrangère de la
France depuis 1945 (La),
n° 217, Frédéric Bozo.

Protestants en France depuis
1789 (Les), n° 273,
Rémi Fabre.

Question nationale au
XIXᵉ siècle (La), n° 214,
Patrick Cabanel.

Régime de Vichy (Le), n° 206,
Marc Olivier Baruch.

Santé au travail (La), n° 438,
S. Buzzi, J.-C. Devinck et
P.-A. Rosental.

GESTION

Analyse financière de
l'entreprise (L'), n° 153,
Bernard Colasse.

Audit (L'), n° 383,
Stéphanie Thiéry-Dubuisson.

Calcul des coûts dans les
organisations (Le), n° 181,
Pierre Mévellec.

Capital-risque (Le), n° 445,
Emmanuelle Dubocage et
Dorothée Rivaud-Danset.

Comptabilité anglo-saxonne
(La), n° 201, Peter Walton.

Comptabilité en perspective
(La), n° 119, Michel Capron.

Contrôle budgétaire (Le),
n° 340, Nicolas Berland.

Contrôle de gestion (Le),
n° 227, Alain Burlaud et
Claude J. Simon.

Culture d'entreprise (La),
n° 410, Éric Godelier.

Éthique dans les entreprises
(L'), n° 263, Samuel Mercier.

Gestion des ressources
humaines (La), n° 415,
Anne Dietrich
et Frédérique Pigeyre.

Gestion financière de
l'entreprise (La), n° 183,
Christian Pierrat.

Gestion prévisionnelle des
ressources humaines (La),
n° 446, Patrick Gilbert.

Gouvernance de l'entreprise
(La), n° 358, Roland Perez.

Introduction à la comptabilité
d'entreprise, n° 191,
Michel Capron
et Michèle Lacombe-Saboly.

Logistique (La), n° 474,
Pascal Lièvre.

Management de la qualité
(Le), n° 315, Michel Weill.

Management de projet (Le),
n° 377, Gilles Garel.

Management international
(Le), n° 237, Isabelle Huault.

Méthodologie de
l'investissement dans
l'entreprise, n° 123,
Daniel Fixari.

Modèle japonais de gestion
(Le), n° 121,
Annick Bourguignon.

Normes comptables
internationales (Les), n° 457,
Chrystelle Richard.

Outils de la décision
stratégique (Les) :
1 : Avant 1980, n° 162,
2 : Depuis 1980, n° 163,
José Allouche
et Géraldine Schmidt.

Responsabilité sociale
d'entreprise (La), n° 477,
Michel Capron et
Françoise Quairel-Lanoizelée.

Sociologie du conseil en
management, n° 368,
Michel Villette.

Stratégies des ressources
humaines (Les), n° 137,
Bernard Gazier.

Théorie de la décision (La),
n° 120, Robert Kast.

Toyotisme (Le), n° 254,
Koïchi Shimizu.

CULTURE-COMMUNICATION

Argumentation dans la
communication (L'), n° 204,
Philippe Breton.

Bibliothèques (Les), n° 247,
Anne-Marie Bertrand.

Culture de masse en France
(La) :

1. 1860-1930, n° 323,
Dominique Kalifa.

Diversité culturelle et
mondialisation, n° 411,
Armand Mattelart.

Économie de la presse, n° 283,
Patrick Lefloch
et Nathalie Sonnac.

Histoire sociale du cinéma
français, n° 305, Yann Darré.

Histoire de la société de
l'information, n° 312,
Armand Mattelart.

Histoire des théories de
l'argumentation, n° 292,
Philippe Breton
et Gilles Gauthier.

Histoire des théories de la
communication, n° 174,
Armand
et Michèle Mattelart.

Histoire de la philosophie,
n° 95, Christian Ruby.

Industrie des médias (L'),
n° 439, Jean Gabszewicz et
Nathalie Sonnac.

Industrie du disque (L'),
n° 464, Nicolas Curien et
François Moreau.

Introduction aux sciences de la
communication, n° 245,
Daniel Bougnoux.

Introduction aux *Cultural
Studies*, n° 363,
Armand Mattelart
et Érik Neveu.

Marché de l'art contemporain
(Le), n° 450,
Nathalie Moureau
et Dominique Sagot-Duvauroux.

Médias en France (Les),
n° 374, Jean-Marie Charon.

Mondialisation de la culture
(La), n° 260,
Jean-Pierre Warnier.

Musée et muséologie, n° 433,
Dominique Poulot.

Presse des jeunes (La), n° 334,
Jean-Marie Charon.

Presse magazine (La), n° 264,
Jean-Marie Charon.

Presse quotidienne (La),
n° 188, Jean-Marie Charon.

Programmes audiovisuels
(Les), n° 420, Benoît Danard
et Remy Le Champion.

Psychanalyse (La), n° 168,
Catherine Desprats-Péquignot.

Révolution numérique et
industries culturelles, n° 408,
Alain Le Diberder
et Philippe Chantepie.

Sociologie du journalisme,
n° 313, Erik Neveu.

Télévision (La), n° 405,
Régine Chaniac
et Jean-Pierre Jézéquel.

Tests d'intelligence (Les),
n° 229, Michel Huteau
et Jacques Lautrey.

Classiques

R E P È R E S

La formation du couple. *Textes
essentiels pour la sociologie de
la famille,* Michel Bozon et
François Héran.

Invitation à la sociologie,
Peter L. Berger.

Un sociologue à l'usine. *Textes
essentiels pour la sociologie du
travail,* Donald Roy.

Dictionnaires

R E P È R E S

Dictionnaire de gestion,
Élie Cohen.

Dictionnaire d'analyse
économique, *microéconomie,
macroéconomie, théorie des
jeux, etc.,* Bernard Guerrien.

Guides

R E P È R E S

L'art de la thèse. *Comment
préparer et rédiger un mémoire
de master, une thèse de doctorat
ou tout autre travail*

universitaire à l'ère du Net,
Michel Beaud.

Comment se fait l'histoire.
Pratiques et enjeux,
François Cadiou,
Clarisse Coulomb,
Anne Lemonde et
Yves Santamaria.

La comparaison dans les
sciences sociales. *Pratiques et
méthodes,* Cécile Vigour.

Les ficelles du métier. *Comment
conduire sa recherche en
sciences sociales,*
Howard S. Becker.

Guide de l'enquête de terrain,
Stéphane Beaud et
Florence Weber.

Guide des méthodes de
l'archéologie,
Jean-Paul Demoule,
François Giligny,
Anne Lehoërff et
Alain Schnapp.

Guide du stage en entreprise,
Michel Villette.

Manuel de journalisme. *Écrire
pour le journal,* Yves Agnès.

Voir, comprendre, analyser les
images, Laurent Gervereau.

Manuels

R E P È R E S

Analyse macroéconomique 1.

Analyse macroéconomique 2.
17 auteurs sous la direction de
Jean-Olivier Hairault.

Comprendre le monde.
*Une introduction à l'analyse
des systèmes-monde,*
Immanuel Wallerstein.

Déchiffrer l'économie, Denis
Clerc.

L'explosion de la
communication. *Introduction
aux théories et aux pratiques de
la communication,*
Philippe Breton et
Serge Proulx.

Une histoire de la comptabilité
nationale, André Vanoli.

Histoire de la psychologie en
France. XIXᵉ-XXᵉ siècles,
J. Carroy, A. Ohayon et
R. Plas.

La mondialisation de
l'économie. *Genèse et
problèmes,* Jacques Adda.

Composition Facompo, Lisieux (Calvados)
Achevé d'imprimer en mars 2007 sur les presses de l'imprimerie
Europe Media Duplication à Lassay-les-Châteaux (Mayenne)
Dépôt légal : mars 2007
N° de dossier : 16968

Imprimé en France